Henning Scherf

Wer nach vorne schaut, bleibt länger jung

Das Buch

„Alt ist, wer mit 50 Prozent seiner Gedanken in der Vergangenheit ist, jung ist wer mit 50 Prozent seiner Gedanken in der Zukunft ist." Wir zehren von lebenslangen Erfahrungen und leben unser Leben aber doch immer nach vorne, auch im Alter. Dieses Buch bietet faszinierende Einsichten eines engagierten Optimisten. Henning Scherf ist überzeugt: Älterwerden – das ist nicht nur eine demographische Frage. Mut und Optimismus gehören dazu. Jeder kann selbst etwas tun für sein Glück, davon ist er überzeugt. Hier erzählt er sein Leben, sagt, was ihn zuversichtlich stimmt und was ihn zornig macht. Ein Buch mitten aus dem Leben, über das Leben. Deutlich und authentisch. Ein Zeugnis der Lebensweisheit. Und eine spannende Bilanz.

Der Autor

Henning Scherf, geb. 1938, Dr. jur., war lange Jahre Bildungs- und Justizsenator und von 1995 bis 2005 Bürgermeister von Bremen. Der mehrfache Großvater lebt in Deutschlands berühmtester Wohngemeinschaft. Unter seinen Büchern: Grau ist bunt; Altersreise; Gemeinsam statt einsam; Mehr Leben.

Henning Scherf

Wer nach vorne schaut, bleibt länger jung

Lektionen des Lebens

Herausgegeben von Rudolf Walter

HERDER

FREIBURG · BASEL · WIEN

HERDER spektrum Band 6769

MIX
Papier aus verantwor-
tungsvollen Quellen
FSC® C083411

© Verlag Herder GmbH, Freiburg im Breisgau 2015
Alle Rechte vorbehalten
www.herder.de

Umschlaggestaltung: agentur Idee
Umschlagmotiv: © Tristan Vankann
Satz: Barbara Herrmann, Freiburg

Herstellung: CPI books GmbH, Leck

Printed in Germany

ISBN 978-3-451-06769-3

Inhalt

I

Was heißt hier jung? Was heißt hier alt?

Von einem „Seniorengipfel der Extraklasse" sprach die Presse, als der 84-jährige Kabarettist Dieter Hildebrandt und der 85-jährige SPD-Politiker Hans-Jochen Vogel auf einem Podium zusammentrafen, um darüber zu reden, was das eigentlich sei: Altwerden. Der Politiker erzählte, wie er als junger Mann anfing, Pfeife zu rauchen. Nicht dass es ihm geschmeckt hätte. Er wollte als 34-jähriger Münchener OB-Kandidat einfach älter und seriöser wirken. Er hat es bald wieder aufgeben, weil er es nicht mehr nötig hatte – und weil es ihm nicht schmeckte. Jetzt sei er alt, aber immer noch mitten im Leben. „Alt ist der", so seine Definition, „der jeden Prospekt liest, der ins Haus flattert und allen erzählt, dass früher alles besser war." Der Kabarettist konterte mit einer eigenen Erfahrung: „Man merkt es an den Gliedern, wenn man nicht mehr so jungenhaft aufsteht – um sich vor einem Älteren zu verneigen." Und im Übrigen: Sei früher nicht wirklich alles besser gewesen? Als Vogel dem professionellen Zeitkritiker schlagfertig konterte: „Alleine das aus Ihrem Mund hat unser Gespräch schon gelohnt", war das Gelächter im Saal groß beim vor allem jugendlichen Publikum.

Biologische Jugend ist nun wirklich kein Fetisch. Und Lebendigkeit ist nicht an das Geburtsjahr gebunden.

„Alt ist, wer mit 50 Prozent seiner Gedanken in der Vergangenheit ist, jung ist, wer mit 50 Prozent seiner Gedanken in der Zukunft ist." Als ich diesen Satz zum ersten Mal hörte, habe ich erst einmal gestutzt. Aber er hat was. Er stammt von Klaus Dörner, einem Psychiater, der schon vor Jahren die Mauern der psychiatrischen Institutionen geöffnet hat, zwei Jahre älter als ich, dabei noch umtriebiger – und einer, der nicht nur redet, sondern Überzeugungen lebt. Er bestärkt Menschen und ermutigt sie, ihre Bedeutung in der Zuwendung zu anderen zu finden.

Das Altwerden, mein eigenes, aber auch das, was man den demographischen Wandel unserer Gesellschaft nennt, beschäftigt mich seit Langem. Genauso wie ich auf das Leben neugierig bin, möchte ich auch auf das Alter neugierig bleiben – auch auf die Übergänge, auf die Zukunft.

Wer älter wird, sollte nicht den Kopf in den Sand stecken, sondern mit offenen Augen in die Welt schauen. Er blickt immerhin auf ein Leben zurück, auf sein eigenes Leben und auf das Leben mit anderen. Er kann die Erfahrungen, die er gemacht hat, einbringen. Er kann über Lektionen, die das Leben erteilt hat, nachdenken. Sie betreffen einen in aller Regel nicht allein.

„Worin könnte der Sinn, die Fruchtbarkeit des Alters bestehen?" hat mich jemand einmal gefragt. Meine spontane Antwort: „Die vielen kostbaren Lebenserkenntnisse und Lebenserträge weiterzugeben." Fruchtbarkeit, Saft und Frische – sie liegen gerade darin.

Es fängt schon an mit der Frage: Was ist eigentlich alt? Ich tue mich schwer mit einer Antwort, und ich denke, obwohl über 70, ich bin selber noch gar nicht alt. Ich rede über Alter nicht im Sinne einer Gegenwartsbeschreibung, sondern einer Perspektive. Auch bei uns im Haus, in unserer WG, sagen manche zu mir: „Was redest du denn über das Alter, du weißt ja gar nicht, was das ist! Du bist fit, gut aufgelegt und anerkannt. Du hast doch keine Ahnung, wie das wirklich ist."

Aber wie ist es wirklich? Es gibt Junge, die von sich sagen, sie hätten Angst vor dem Altwerden. Und sie meinen damit das Leben mit 35 oder 40. Und es gibt 92-Jährige, die mehr Leben ausstrahlen als mancher 29-Jährige.

Wie soll man Alter definieren? Oder den Sinn des Älterwerdens? Ich kenne hochbetagte Menschen, die fröhlich, lebendig und so wach sind, dass ich Schwierigkeiten habe, ihnen das herkömmliche Attribut „alt" aufzukleben. Sie sind so gegen den Strich gebürstet, nehmen sich ungeahnte Freiheit heraus, ja sie haben die Freiheit jetzt erst richtig entdeckt, leisten sich Meinungen, die sie sich selber früher nie erlaubt hätten und kommen auf eine ganz neue Weise zu sich, dass ich ganz begeistert bin, dass es so etwas gibt.

Wer in dieser Freiheit alt wird, der muss keine Rücksicht auf Konventionen mehr nehmen, und er muss auch keine Angst haben. Soll ich von Menschen, die eine solche Selbstständigkeit haben, sagen: Das sind alte Leute? Oder sind es nicht vielmehr Menschen, die jung geblieben sind?

Das Alter ist im Übrigen keine Ausnahmesituation, es ist normal. Nicht nur, weil Altern mit der Geburt beginnt. Die allermeisten von uns werden alt, und jeder anders. Ich wehre mich gegen die Vorstellung, es gebe nur einen Typus des Altwerdens. Das stimmt einfach nicht. Normalität hat eine große Bandbreite. Da ist Begeisterung möglich und Verzweiflung. Es gibt Enttäuschte und jung Verliebte, Leute, die sich neu entdecken und ihre Kreativität jetzt entfalten. Da gibt es Abhängigkeit und Freiheit, Leute, die aktiv sind und das Heft in der Hand halten, die ihr Leben selbst bestimmen – und solche, bei denen das nicht mehr geht. Wer will da eine Grenze ziehen?

Um auf die Frage zu antworten, was einen das Leben lehren kann, ist es nicht schlecht, eine gewisse Strecke zu überblicken. Was macht das Leben – mein Leben – aus? Was hält ein Leben – mein Leben – zusammen? Was macht eine Biografie überhaupt sinnvoll, gelungen oder gar erfolgreich?

Wer auf sein Leben zurückschaut, wird feststellen: Das Leben selbst liefert die spannendste, unterhaltsamste und lehrreichste Anschauung. Kann man das weitergeben? Zeigen sich Spuren, die auch für andere von Interesse sein könnten, wenn sie ihren eigenen Weg suchen?

Ich jedenfalls entdecke mich über andere. Antworten auf existentielle Fragen gewinnt man nicht für sich allein und nicht aus sich allein. Ich denke an eine alte Frau, die ich kenne. Sie ist inzwischen über 90 und Mitglied einer religiösen Gemeinschaft. Natürlich ist sie auch durch ihren Glauben so stark geworden. Und sie fühlt sich da, wo sie lebt, auch zu Hause. Am richtigen Platz. Sie ist bei sich, aber ausgerichtet auf andere. Sie lebt für ihre Gemeinschaft. Für andere nimmt sie sich Zeit, sie tröstet, auch wenn sie selber eigentlich Trost braucht. Und weil sie andere tröstet, bekommt sie gerade dadurch wieder viel Kraft zurück. Sie hilft dadurch auch sich selbst. Ein wunderbarer Mensch. Wenn man ihr persönlich eine Freude machen will, wird sie wahrscheinlich sagen: Nein, das dürft ihr nicht, so viel Aufwand für mich … Und wird sich trotzdem freuen.

Leben ist wertvoll, wenn es gemeinschaftlich gelebt wird. Erst im Spiegel der anderen erfahre ich, wer ich bin und wozu ich lebe. Ich jedenfalls habe mich selber immer wieder über andere entdeckt. Nicht durch Grübeln bin ich zu mir gekommen, sondern dadurch, dass ich Menschen gefunden habe, die an mir interessiert waren und an denen ich selber auch interessiert war – wenn wir versucht haben, etwas Gemeinsames zu machen.

Die Frage nach meinem Selbstverständnis und meinem Sinn – „warum gibt es mich eigentlich?" – ist nicht zu beantworten, indem ich mich vergrabe oder als Einsiedler durch die Welt ziehe. Darin, dass ich die Grenzen meines eigenen kleinen Ego überspringe, also im bewussten Leben mit anderen, liegt für mich ein Elixier von Lebendigkeit: nicht nur von Intensität, sondern auch von Sinn für die eigene Existenz. Wenn ich mich so überschreite, dann kann ich mich auch selber annehmen und bin mit mir im Einklang. Das ist nicht so einfach, wie es klingt. Das kann anstrengend sein.

Willy Brandt soll sich auf seinen Grabstein den Spruch gewünscht haben: „Man hat sich bemüht." Wer ihn kannte, weiß: Das war gepflegte Bescheidenheitsattitude. Mir würde vielleicht der Satz aus dem Galaterbrief einfallen: „Einer trage des anderen Last". Das ist der Trauspruch, den unser Pastor damals für meine Frau und mich aussuchte und der uns unser Leben lang begleitet hat. Wenn man die vielfältigen Erfahrungen, die man in seinem Leben macht, durch ein Sieb rüttelt und sieht, was durch die Ritzen fällt und was bleibt – dann ist dies ein Satz, der zusammenfasst, was uns zu tun bleibt in der kurzen Zeit, die uns zur Verfügung steht, in diesem Wimpernschlag der Geschichte, in dem unser Leben sich abspielt. Was bleibt, ist eine große Zahl von Begegnungen und gemeinsamen Erfahrungen, von denen hoffentlich nicht nur ich lebe und zehre, sondern die hoffentlich auch anderen etwas gegeben haben und bedeuten: Dass wir uns getroffen haben in dieser winzigen Spanne Zeit und voneinander gelernt und uns respektiert haben. Dass wir gemeinsam die Erfahrung gemacht haben: Es ist sinnvoll, nach den Menschen zu sehen und ihnen nahe zu sein. Es macht Sinn, immer wieder neue Anläufe zu machen, nicht aufzugeben, sondern nach vorne zu schauen. Es macht Sinn, sich auf Hoffnung einzulassen, und zwar gemeinsam. Sich darüber auszutauschen und sich gegenseitig zu bestärken.

Wenn das gelungen ist, ist es wunderbar.

Wenn es nicht gelingt, dann ist das noch lange kein Grund, es nicht immer neu zu versuchen. Ein zur Hälfte gefülltes Glas ist – je nach Perspektive – halb voll oder halb leer. Für mich persönlich gibt es nur halb volle Gläser.

Diese Sichtweise hat mir auf meinem Weg immer noch geholfen, auch wenn es schwierig war.

Und schwierige Situationen bleiben nicht aus, Fehler macht jeder, und wer glaubt, irrtumsfrei leben zu können, der ist weltfremd. Kein Leben verläuft ganz glatt. Auch das Scheitern ist eine Chance, etwas zu lernen. Entscheidend ist, welche Konsequenzen man aus Irrtümern und Niederlagen zieht.

Auch ich habe das Scheitern erlebt. Auch ich bin angefeindet worden. Und auch ich habe erst ganz allmählich gelernt, damit umzugehen. Schrittweise. Ich habe gelernt, wie wichtig es ist, dass man das Vertrauen von Menschen gewinnt oder dass vertrauensvolle Beziehungen existieren. Das ist hilfreich, besonders für Leute wie mich, die immer öffentlich gelebt haben. Es geht jedem von uns so, dass wir gemocht werden wollen. Nähe suchen wir alle. Es gelingt bloß nicht allen, weil wir uns zu oft hinter Schutzmauern verschanzen.

Ich kenne Leute, die haben in ihrem ganzen Berufsleben nicht viel Geld zusammengebracht. Die haben privat viel

Schweres mitgemacht, nahe Angehörige verloren, viel Leid erlebt. Und dennoch strahlen sie. Sie haben ihr Leben angenommen, trotz alledem. Und man steht davor, schaut in ein solches lebendiges Gesicht und denkt nur: Was ist da Wunderbares passiert? Da war so viel Last. Und dann begegnet man einem solchen hochbetagten Menschen, hoch in den Neunzigern, der schwere Krankheiten überstanden, persönliche Schicksalsschläge überwunden, extreme Verfolgung unter Diktaturen erlitten hat, und der heute nicht klagt, sondern sagt: „Ich danke Gott, dass ich leben durfte. Und ich danke für jeden Tag, den ich noch erleben kann."

Ich bin neugierig auf solche Menschen und suche ihre Nähe. Und ich lese in ihren Gesichtern. So wie man in manchen Gesichtern leere Lebenslangeweile erkennt und Bitterkeit, so kann man manchen eben auch das gelebte, gelungene Leben ansehen.

Und vor allem bin ich auch neugierig auf die Geschichten solcher Menschen.

Vielleicht lese ich deswegen gerne Biografien.

Wenn mein eigenes Leben ein Buch wäre – es wäre freilich alles andere als ein geradliniger Entwicklungsroman.

II

Kein gerader Weg

Ich habe keineswegs alles schon immer im Kopf gehabt. Mir wurde nicht in die Wiege gelegt: Du wirst das, und dann wurde ich es. Nein, es ist anders gelaufen.

Es ist auch nicht so, dass mir die Sympathien der Menschen immer zugeflogen wären. Und keiner soll denken, ich sei von Null an senkrecht durchgestartet. Schon meine Schulkarriere war merkwürdig: Überspringer in der Grundschule, Sitzenbleiber und Schulwechsler. Meine Pubertät war ganz schrecklich. Ich stotterte. Es war ein Fiasko, die finsterste Zeit meines Lebens. Ich musste mich richtiggehend durchbeißen.

Begeisterungsfähig war ich allerdings immer: Mit drei Jahren wollte ich Pferd werden, weil Pferde so wunderbare Tiere sind. Meine Mutter hat sich halb tot gelacht, als ich ihr das sagte. Und als kleiner Junge lernte ich Afrikaner kennen. Weil mich die mich immer so fröhlich anstrahlten, fand ich die toll und bekam plötzlich Lust, als Missionar nach Afrika zu gehen. Ich hatte das Gefühl: Das sind die besseren Menschen. Vom Missionarstraum bin ich dann wieder weggekommen, aber bis in die Schülerzeit hinein hat mich diese Vision beschäftigt.

Mein Leben war in der Kindheit stark von meinem Vater geprägt. Er hatte sich vorgenommen, einen Pastor aus mir zu machen. Ich erinnere mich an Diskussionen aus der Konfirmationszeit – mit einer ersten Freundin:

Wenn ich nicht Pastor werden sollte, weil ich das alles nicht schaffe, dann werde ich Arzt. Aber unter keinen Umständen Jurist: Denn, so meine feste Überzeugung, das sind doch Rechtsverdreher, und sie leben vom Unglück der Menschen!

Der Arzt und Theologe Albert Schweitzer, der Menschen in Afrika half, war damals mein Vorbild. Meinen Abituraufsatz schrieb ich zum Thema: „Wie stellen Sie sich zu der Entscheidung Albert Schweitzers?" Da ich mich mit ihm intensiv beschäftigt hatte, räsonierte ich über die Kulturphilosophie Schweitzers, der ja auch aus einem kulturpessimistischen Impuls nach Lambarene gegangen war. Ich habe dann in meinem Abituraufsatz ganz engagiert klargemacht: Ich flüchte nicht, ich werde hier bleiben. Es gibt bei uns so viel zu tun. Ich muss nicht nach Afrika gehen, um Probleme zu lösen.

In der Zwischenzeit war ich Schulsprecher geworden und bin in dieser Zeit mit Oberschulräten zusammengekommen, hatte mit der Schulleitung zu tun und musste immer wieder einmal hören: „Das geht nicht, was Sie sich da vorgestellt haben, das Gesetz lässt das nicht zu, die Schulvorschriften sind dagegen etc." Ich habe mir die Gesetzestexte geholt – und nichts gefunden, was wirklich dagegen gesprochen hätte. Möglicherweise habe ich es auch einfach nur nicht verstanden. Auf jeden Fall fing ich an zu argwöhnen, dass die Herren nur keine Lust hatten, zu argumentieren und sich auf Gesetze beriefen, die sie vielleicht nicht richtig kannten und die ich selber schon gar nicht kannte. Nun wollte ich mich aber auf keinen Fall ausbremsen lassen. Und so reifte bei mir also die Erkenntnis: Ich muss diese Technik kennenlernen, mit der hier regiert, verwaltet und diszipliniert wird. Die *Methode* hat mich interessiert. Aber dahinter immer auch die Frage: Kann man nicht doch noch etwas ändern? Mir war klar: Etwas tun, darauf kommt es an. So wurde ich dann schließlich doch noch Jurist, allen frommen früheren Schwüren zum Trotz.

Dann habe ich mit dem Studium angefangen. Und ich überlegte mir gleichzeitig: Was wirst du eigentlich? Und hatte den Eindruck: Bei den Juristen steht die konkrete Berufsentscheidung relativ spät an. Man kann erst einmal sein Studium durchziehen und dann seine Referendarszeit absolvieren. Und bis man Assessor ist, kann man viel ausprobieren – wissenschaftliche Arbeit oder eine Laufbahn in der Justiz, man kann bei Verbänden arbeiten oder in die Industrie gehen oder mit juristischer Qualifikation auch Wohlfahrtseinrichtungen leiten. Diese Möglichkeit, ausprobieren zu können, fand ich reizvoll. Mein Studium habe ich als eine solche Suche angelegt. Die Professoren hatten damals noch Zeit dafür, sie kümmerten sich noch nicht in erster Linie um die Einwerbung von Drittmitteln. Ich erinnere mich noch an ein Gespräch mit dem berühmten Zivilrechtler Professor von Hippel in Freiburg: „Junger Kommilitone, was wollen Sie werden?" „Ich weiß es noch nicht, Herr Professor, vielleicht das und das oder das." Dieser alte und gütige Mann sagte dann: „Wenn Sie Arbeitsrichter werden wollen, müssen Sie zu meinem Kollegen Bulla gehen, ein ganz feiner Mann." Und er stellte mir dann seine ganzen Kollegen vor, die alle Berufsberatung machen könnten. Ich war bei dem Rechtsphilosophen Wolf, den großen Strafrechtlern Jeschek und Württemberger. Bei von Cämmerer habe ich versucht, herauszubekommen, was eigentlich ein Richter ist. Bei Konrad Hesse habe ich gelernt, was öffentliches Recht und was Verfassungsrecht ist.

Beim Evangelischen Studienwerk Villigst, bei dem ich Stipendiat war, wurde natürlich auch ständig darüber geredet: Was wollt ihr denn werden? Da das Studienwerk interdisziplinär orientiert war, habe ich auch ständig geschaut, was die anderen machten und ausprobierten. Da gab es Veranstaltungen mit dem Sozialwerk der Evangelischen Kirche, mit Klaus von Bismarck. Da kamen Unternehmer und Gewerkschafter zusammen, und wir Studenten saßen zwischen ihnen. Der Chef von Mannesmann war dabei oder der Chef der Hörder-Hüttenunion. Er war ein Freund des Studienwerks, mit dem ich oft darüber geredet habe, was es bedeutet, ein Unternehmen zu führen. Und dann habe ich auch tolle Gewerkschafter kennengelernt, wie den IG-Metall-Chef Otto Brenner, seit 1961 Präsident des Internationalen Metallarbeiterbundes. Und immer ging es mir darum, herauszufinden: Was bewegt die eigentlich? Wie machen die das? Was ist wichtig? Wie gehen die mit ihren Mitarbeitern um?

So bin ich sehr lange auf der Suche gewesen. Denn ich hatte niemanden, der gesagt hätte: Das machst du! Klar war nur: Ich wollte möglichst viel Praxis, ich wollte etwas zu tun haben, etwas verändern. Was ich nicht wollte: Ständig in einer Ecke sitzen und anderen Vorwürfe machen.

Ich wollte verändern

Als ich meine Doktorarbeit schrieb, war mir schnell klar: Ich bin kein Wissenschaftler. Mein Glück werde ich nicht darin sehen, mich in der Sekundärliteratur zitiert wiederzufinden. Es ging mir ganz praktisch um die soziale Wirklichkeit, um das wirkliche Leben vor unserer Haustür. Gab es tatsächlich keine Möglichkeiten, geschlagene Frauen zu schützen? Wie waren Frauenhäuser zu finanzieren? Waren Hilfen für Obdachlose institutionalisierbar? Ich wollte als Jurist in meiner Dissertation Wege zeigen, wie man mit den verunglückten Paragraphen 72 und 73 des Bundessozialhilfegesetzes Innovationen finanzieren und fördern kann. Die Frauenhausfinanzierung habe ich durch diese Doktorarbeit mitentwickelt über den Vorschlag teilkostendeckender Pflegesätze. Sonst wären die nie in Schwung gekommen. Analoges habe ich mir dann für Alkoholkranke und für Obdachlose ausgedacht: Wie kann man diese Menschen davor bewahren, dass sie eingesperrt werden, ja manchmal sogar freiwillig darum bitten, eingesperrt zu werden? Wenn es kalt wurde, gingen diese so genannten „Tippelbrüder" wie im 19. Jahrhundert zur Polizei und fragten: „Was muss ich anstellen, Tür eintreten, Scheibe einschlagen, um bei euch über den Winter zu kommen?" Das kam bis zu 70, 80 Mal vor. Im Sommer zogen die herum, den Winter verbrachten sie dann in irgendwelchen Polizeigefängnissen. Mein Entwurf sollte helfen, Häuser für die Bedürfnisse dieser Menschen zu bauen. Dass das schließlich wirklich gelang, das war mir wichtiger als wissenschaftliche Reputation.

Die formalen Regeln des Rechts muss man beherrschen, das ist die Basis, das Werkzeug. Man muss sie lernen, wie man Vokabeln für eine Fremdsprache paukt. Viel spannender war für mich jedoch, was dahinter an Leben steckte: wie die gesellschaftliche Lage war, welche Konflikte existierten und wie sie ausgetragen wurden bzw. wie sie gelöst werden konnten. Soziologie interessierte mich brennend. Das Soziologiestudium habe ich aber nicht zu Ende gebracht, weil ich mein Jura-Examen brauchte, um meine Familie durch einen Beruf ernähren zu können. Nach meinem ersten Examen war ich dann als Referendar in der Studienleitung des Evangelischen Studienwerks. Der Job des Studienleiters, Familie haben, Politik machen, Referendar sein – und dann weit weg von der Uni noch Soziologie vertiefen, das alles zusammen ging nicht.

Ich habe es schon erwähnt: Es war der erklärte Wille meines frommen Vaters, dass ich Pastor werden sollte. Immerhin war ich doch am Reformationstag geboren. Und diesen Wunsch habe ich gerade nicht erfüllt. Das habe ich im Aufstand gegen meinen Vater verweigert. Der war tief enttäuscht darüber. Noch als ich mit meinem Studium fertig war, hielt er an seinem Traum für mich fest. Das letzte Mal, dass wir miteinander geredet haben, vor dem Urlaub, – während dieses Urlaubs ist er dann gestorben –, hat er mich in den Arm genommen und gesagt: „Henning, die größte Freude meines Lebens machst du mir, wenn du alles sausen lässt und anfängst, Theologie zu studieren." Da habe ich ihm gesagt: „Lieber Vater, ich habe Familie, ich habe drei Kinder, ich muss die ernähren und denke im Traum nicht mehr daran, ein neues Studium anzufangen. Ich bin dabei, mich beruflich zu organisieren." Er hat mich angeschaut und nur gesagt: „Wenn ich noch einmal meinen Wunsch sagen darf: Es wäre die größte Freude für mich."

Dass ich das nicht gemacht habe, bereue ich nicht. Im Gegenteil: Ich denke oft: Glück gehabt. Ich bin zwar heute noch in Gemeinden unterwegs und bei kirchlichen Anlässen dabei. Aber lieber ohne kirchlichen Auftrag und ohne ein theologisches Amt.

Angebote zum Ausschlagen

Es gibt Angebote, die kann man nicht ausschlagen. Und solche, bei denen man Nein sagen muss, um sich nicht zu verbiegen. Der berühmte Bankier Hermann Josef Abs hat mir in meiner ersten Berufszeit als Jurist einmal eine Stelle in der Deutschen Bank angeboten – ein faszinierender Job für einen frisch gebackenen Anwalt. Ich war in einem großen Bremer Anwaltsbüro, Schackow und Partner. Der einzige „Linke" unter lauter konservativen Kollegen. Unser Senior war Vorstandsvorsitzender der Deutschen Schifffahrtsbank, deren Aufsichtsratsvorsitz wiederum hatte Herrmann Josef Abs inne. Mindestens einmal im Jahr kam er nach Bremen, um seine Bank zu begutachten. Schackow war ein Liberaler, der an mir einen Narren gefressen hatte, und er stellte mich Abs vor, der an Querköpfen interessiert war. Abs verachtete Opportunisten. Von einem Großteil seiner Mitarbeiter hielt er nichts. Schackow hatte ihm wohl gesagt: „Ich habe da so einen Querkopf."

Wir haben ganz offen miteinander geredet. Er hat sich angehört, was ich zu sagen hatte. Und dann sagte er: „Kommen Sie doch zu mir!" Meine Antwortet: „Ich habe den Bericht der Alliierten Kommission über die Deutsche Bank gelesen." Darin kam er als einer der Hauptakteure in der Nazizeit vor, die mit KZs Geld verdient hat. Seine Reaktion: „Oh, das ist aber nicht nett, dass Sie mir das jetzt vorhalten." Ich erwiderte: „Sie müssen wissen, mit wem Sie es hier zu tun haben." Seine Antwort: „Das möchte ich aber gerne korrigieren." Ich habe daraufhin nicht gesagt: „Geben Sie mir Bedenkzeit", sondern: „Ich bin bei Ihnen auf der falschen Seite, nämlich auf der Seite derer, die ihr Geld ver-

mehren wollen. Ich will aber lieber auf der Seite derer sein, die Opfer und Verlierer sind und immer weniger haben."
Abs reagierte verblüfft. Das war ihm offensichtlich noch nie passiert, dass einer ein solches Angebot ablehnte.

Damals war ich 26. Heute denke ich: Große Worte! Aber in dem Alter kann man so etwas sagen.

Ich habe mein Nein nie bereut. Sogar heute noch bin ich froh, dass ich damals abgesagt habe. Vermutlich habe ich da noch mehr Glück gehabt als damit, dass ich kein Pastor geworden bin. Ich kann mir auch im Nachhinein nicht vorstellen, dass ich so etwas wie ein Ackermann geworden wäre. Was wäre das für ein Leben gewesen? Sich in den großen Geldaristokratien bewegen, sich durchsetzen, allen zeigen, wer der größte Wolf ist, dem Rudel immer vorneweg? Wenn man langsam wird, fressen einen die anderen. Also immer der Größte, der Stärkste, Bedrohlichste sein wollen?

Die Politik, in die ich mich später eingemischt habe, hat mich mit fast allen in unserer Gesellschaft existierenden Lebenslagen vertraut gemacht. Ich habe ein Leben mitten in der Gesellschaft führen können und war nicht isoliert in gestressten Unternehmerzirkeln. Ich bin dann auch aus dieser renommierten Anwaltskanzlei ausgeschieden, eine der ersten Adressen in Bremen, die weltweit die großen Schifffahrtskontrakte machen, mit besten internationalen Verbindungen und höchster Kompetenz in Wirtschaftsrecht. Aber mir war klar: Ich bin kein Unternehmensanwalt, mir ist wichtig, nah bei Leuten zu sein, die sich nicht über ihr Geld und ihren Erfolg definieren. Bei denen fühle ich mich auch wohler, anerkannt und respektiert – zu Hause eben.

Und das ist heute immer noch so.

Leben mit Behinderten – ein neuer Blick auf die Welt

Wenn ich heute am Samstagmorgen für unsere Wohngemeinschaft die Brötchen bei unserem Bäcker um die Ecke kaufe, dann stehen die Nachbarn schon da, alle in langer Schlange. Dann treffe ich meinen Freund Hermann. Hermann ist so alt wie ich und stark behindert. Er lebt in einer Wohngemeinschaft geistig Behinderter. Auch er kauft für seine ganze Gruppe ein, und wir beide unterhalten uns dann vor versammelter Mannschaft. Wir beide sind richtig vertraut miteinander. Die ganze Schlange hört uns zu, weil Hermann etwas lauter spricht und die Phonstärke nicht recht kontrollieren kann. Er hat keine Scheu vor den 20 Zuhörern, und ich auch nicht.

Solche Alltagserfahrungen tun mir gut. Ich arbeite da kein Helfersyndrom ab und verausgabe mich auch nicht. Ich *muss* nicht helfen. Ich brauche keine Rolle. Dass wir uns in unserer Unterschiedlichkeit so nehmen wie wir sind, das reicht schon.

Ich habe in meiner Arbeit mit Behinderten so viele positive Beispiele von Teilhabe kennengelernt, dass mir der gängige Spruch „Hauptsache: Gesundheit" als eine dumme und oberflächliche Gedankenlosigkeit erscheint. Wenn man genau hinschaut, stellt man fest, dass es Menschen mit Behinderungen oder schweren Erkrankungen gibt, die in der Lage sind, ihr Leben zu füllen. Die abgeben können, teilen und sich freuen können. Und es gibt junge gesunde Menschen, die nichts im Kopf haben, sinnlos durch die Welt laufen und nicht wissen, was sie mit ihrem Tag anfangen sollen. Die Hauptsache ist doch, dass ich mit dem, was mir gegeben und geblieben ist, gestalterisch etwas machen kann.

In meiner Kindheit habe ich erfahren: Stärke kann noch so sehr bestimmend sein, sie ist nicht alles und ohne Bedeutung gegenüber dem, was wirklich Wert hat. Herrschaft, Macht, Gewalt – der faschistische Nazi-Staat konnte nie dick genug auftragen mit Medaillen und Auszeichnungen an uniformierten Männerbrüsten. Es fehlte nicht an lauten Fanfaren, an grellen Lichteffekten und pompösen Auftritten in den Massenveranstaltungen. Die gigantische Selbstinszenierung eines Verbrecherstaats: die Massenaufmärsche, das zackige Brutalitätsdekor, dieses ganze „Obersticht-Unter"-Gehabe erschien mir schon als Kind dramatisch gefährlich und bedrohlich. Dieses Bild, nach dem sich Millionen damals richteten, war das Gegenbild zu dem, was in meiner Familie, was meinen Eltern und ihren Freunden wichtig war. Gerade die Menschen, die mir etwas bedeuteten in meinem Leben, waren nicht auf der Seite der Macht, der Stärke, der Bedrohung. Und das relativierte auch alles andere.

Weder in unserer Familie noch in der Gemeinde gab es Behinderte. Aber wir sind neben einer Behinderteneinrichtung aufgewachsen, über der die Morddrohung der so genannten Euthanasiegesetzgebung schwebte. Es haben nicht alle überlebt. Im Schatten der Euthanasiebedrohung wurde uns von unserem Pastor schon während der Nazizeit, aber erst recht danach, ganz deutlich vermittelt: Diese Menschen verdienen unsere besondere Liebe. Ich war noch ein kleines Kind damals. Aber das war ein starker Impuls.

Ich habe auch schon früh positive Erfahrungen mit Down-Syndrom-Kindern gemacht, die sehr zärtlichkeitsbedürftig sind, die einen spontan umarmen und ihre Zuneigung zeigen.

Ich fühle mich unter behinderten Menschen wohl. Ich bin gelegentlich, wenn ich im Politdruck stand und raus wollte aus dem stressigen Büroumfeld, einen Nachmittag lang in eine nahegelegene Behinderteneinrichtung gegangen. Wir haben uns umarmt, zusammen Musik gemacht, Unsinn getrieben, geredet, gemeinsam gegessen – und sie haben mich angestrahlt. Für mich die wahre Erholung und eine gute und schöne Erfahrung.

Manche Manager gehen auf Zeit ins Kloster, ziehen sich von allem zurück, sind über ihre Handys nicht mehr erreichbar und verzichten für eine bestimmte Zeit auf alles, was in ihrem Leben sonst für Routine steht. Sicher eine gute Sache. Ich habe immer diese andere Möglichkeit bevorzugt. Und mein Rat für alle, die einen stressigen Job haben, ist daher auch: Geht einen Nachmittag in eine Behinderteneinrichtung und ihr werdet euer Leben anders sehen. Es gibt übrigens bereits Programme für überbelastete Manager, die nur noch Getriebene sind und die ihre Entscheidungen gar nicht mehr überblicken. Meine Empfehlung: Kommt einmal heraus aus eurer krankmachenden Rollenfixierung. Legt einmal für eine bestimmte Zeit alle eure Attitüden ab. Setzt euch einen Nachmittag lang als Bettler an eine Ecke. Geht in eine Jugendinitiative. Oder arbeitet einmal einen Monat lang bei einem Dritte-Welt-Projekt in einem afrikanischen Dorf und versucht euch an der Beseitigung dieses wirklichen Elends. Ihr werdet die Welt neu sehen, und euch selber auch.

Es ist dieser andere Blick, der mich auch in der Begegnung mit Behinderten fasziniert und bereichert.

Wer solche Vorbilder hat, kann nicht gleichgültig werden

Orientiert habe ich mich immer an Menschen: Menschen, die meinen Weg gekreuzt haben, die mir vorbildhaft schienen und von denen ich gelernt habe. Es sind auch immer wieder ganz konkrete Orte, die als Bilder vor mir auftauchen und mit denen sich Geschichten und Erinnerungen an bestimmte Menschen verbinden.

Da ist etwa der Kirchhof der Stephani-Gemeinde in Bremen. In dieser Kirche bin ich getauft, konfirmiert und getraut worden. In dieser Kirche laufen einige Fäden meines Lebens zusammen. Meine Kindheitserfahrungen sind eng mit dieser Gemeinde verbunden. Da habe ich anderes gelernt als in der Schule und viel für mein Leben mitbekommen. Vieles, was mich bleibend geprägt hat. In den Jahren 1940 bis 1945 waren auf Bremen 173 Luftangriffe geflogen worden. Die alliierten Streitkräfte hatten dabei fast 900.000 Bomben abgeworfen. Die Kirche war bei einem Angriff total zerstört worden, übrig blieb nur eine große Ruine. In diese Kirchengemeinde bin ich 1938 hineingeboren worden: in die Zeit des Nationalsozialismus, ein Jahr vor Kriegsausbruch. Ich erinnere mich an Menschen aus dieser Gemeinde. Zum Beispiel an die getauften jüdischen Abrahams. Die Abrahams waren Gemeindemitglieder. Hedwig Abraham, gleich alt wie ich, hat mit mir gespielt, sie war auch bei uns zu Hause. Die Abrahams wohnten in unserem Stadtteil, waren aber ständig auf der Flucht, verkrochen sich mal bei dem und bei dem und bei dem. Reihum gab es Verstecke. Hedwig Abraham, die jetzt Ruth-Sarah heißt, hat nach dem Krieg noch mit mir die Konfirmation gefeiert. Und dann hat sie langsam entdeckt, dass sie Jüdin ist – und hat sich als Ruth-Sarah ganz allmählich ihre jüdische Identität erarbeitet. Später ist sie Vorsitzende der jüdischen Gemeinde in Oldenburg geworden. Sie sitzt seit ewigen Zeiten im Zentralrat, hat die erste Rabbinerin überhaupt nach Deutschland geholt, erst Bea Wyler, dann Alina Treiger, 2010 in Potsdam die erste seit 1935 in Deutschland ordinierte Rabbinerin. Ruth-Sarah Schumann also, damals Hedwig Abraham, ist mit ihren Eltern und ihrer Schwester in der Nazizeit mit mir in dieser Gemeinde aufgewachsen. Sie hat überlebt. Auch dank des Mutes von Gemeindemitgliedern.

Damals war nicht klar, dass jüdisches Leben in Deutschland einmal weitergehen könnte. Damals, als die Gestapo-Leute in unserer Kirche saßen, hat Pastor Greiffenhagen sie einmal während des Gottesdienstes vorgestellt. Öffentlich, in deren Gegenwart: „Das sind die beiden Gestapo-Leute, die alles mitschreiben, was wir hier sagen. Wir wollen auch für sie mitbeten, dass sie ablassen von ihren Mordtaten."

Natürlich: Dass einer mit solchem Mut sprach, war eine große Ausnahme.

Ich selber war bei Kriegsende ein Kind, knapp sieben Jahre alt. Aber wer solche Vorbilder hat, kann im Leben nicht gleichgültig werden.

III

Gegen Gleichschaltung und Totalitarismus

Unser Pastor Greiffenhagen, der im Mai 1934 in Wuppertal-Barmen an der Barmer Bekenntnissynode teilgenommen und die im Wesentlichen von Karl Barth geprägte Barmer Theologische Erklärung mit formuliert und unterschrieben hat, gehörte zur Bekennenden Kirche. Diese Erklärung widersprach der damaligen Politik der Gleichschaltung der Kirchen durch den nationalsozialistischen Staat. Darüber hinaus trat sie in Opposition zu jedem Totalitätsanspruch des Staats und verwahrte sich gegen weltanschauliche Ambitionen, die in Konkurrenz zum christlichen Bekenntnis treten wollten.

Wenige wissen heute, was die Bekennende Kirche in der Nazizeit war: nur eine innerkirchliche Bewegung, die sich gegen die Deutschen Christen wehrte und damit zuallererst für die Integrität der Kirche eintrat? Oder eine kirchliche Form des Widerstands, die auch ausdrücklich gegen die Nazis gerichtet war? Diese beiden Positionen gab es tatsächlich nebeneinander. Der Konflikt reichte bis mitten in die Realität unserer Gemeinde hinein. Es gab heftige Auseinandersetzungen. Unser Pastor, aber auch mein Vater und ein paar andere, gehörten zu dem Flügel, der sich ausdrücklich kritisch mit den Nazis auseinandersetzte. Viele Mitglieder der Bekennenden Kirche vertraten jedoch die andere Position: Mit dem Staat haben wir als Kirche nichts zu tun. Das war Ausdruck der theologischen Zwei-Reiche-Lehre, die von dem Bewusstsein geprägt ist: Wir von der

Kirche sind „die anderen". Ihr erstes Ziel: Wir müssen die Kirche vor Gleichschaltung bewahren, wir wollen keine Führerkirche. Die Nationalsozialisten wollten ja Jesus zum Arier machen und die Bibel „entjuden". Die Abwehr solch absurder Absichten verband alle Fraktionen der Bekennenden Kirche. Sich mit den Nazis anlegen, das wollte nur eine Minderheit. Pastor Greiffenhagen gehörte zu dieser kämpferischen Fraktion.

Der Theologe Martin Niemöller, Mitglied der Bekennenden Kirche, der von 1937 bis 1945 im KZ war, gehörte zum Umfeld unserer Gemeinde und meiner Familie. Schon als Kind, in der Kriegszeit, wusste ich, dass er „einer von uns" war und warum man ihn eingesperrt hatte. Auch Gustav Heinemann habe ich in dieser Zeit kennengelernt. Der hieß bei uns „Gustav Gustav", weil er zweifach promoviert, also „Doktor Doktor" war. Eine ganze Reihe von Leuten ähnlichen geistigen Zuschnitts, auch wenn sie weniger prominent waren, habe ich als Kind kennengelernt. Sie alle verband etwas: Sie waren gegen die Nazis. Und sie schützten sich gegenseitig.

Das waren keineswegs nur Kirchenleute, sondern auch solche, die aus politischen Motiven gegen die Nazis opponierten. Meine ersten Kontakte mit Personen der SPD stammen noch aus der Nazizeit. Mein Onkel – ein Bruder meiner Mutter – war in Hamburg Kassierer der illegalen SPD und überhaupt nicht kirchlich. Aber er fand seinerseits gut, was wir in unserer Gemeinde machten. Gegen die Nazis zu sein, das war der gemeinsame Nenner. Über diesen Onkel habe ich nach dem Krieg nicht nur SPD-Mitglieder kennengelernt, sondern auch die ersten Kommunisten, die die Nazizeit überlebt hatten. Wenn ich sie wegen ihrer Sympathie für den Kommunismus kritisieren wollte, sagte meine Mutter: „Sie sind Opfer wie wir. Die haben genauso überlebt, wie wir überlebt haben. Halte deine Kritik zurück." Mein Vater dagegen hatte Angst vor den Kommunisten. Er war Drogist und befürchtete, dass die ihm seinen Laden wegnehmen würden. Das war ihm wichtiger als das gemeinsame Schicksal in der Verfolgung.

Aber wir Jungs haben genau hingeschaut und in den ersten Nachkriegsjahren auch viel von denen gelernt, die überlebt hatten und die uns ihre Geschichten erzählten. Ganz unterschiedliche Geschichten.

Ich erinnere mich an Anna Stiegler, die das KZ in Ravensbrück überlebt hatte. Ihr Mann war von den Nazis umgebracht worden. Sie war sozialdemokratische Abgeordnete vor 1933 und ist nach 1945 wieder in die Politik gegangen. Diese Frau habe ich sehr bewundert. Sie kam 1945 zu uns, blass wie eine Leiche, abgemagert, ein lebendes Skelett. Aber Augen voller Glanz, eine gewaltige Stimme und eine unglaubliche Überzeugungskraft. Sie wollte uns beibringen: Das darf nie wieder passieren! Ich war fast noch ein Kind, als ich sie zum ersten Mal aus der Nähe erlebte. Ich hatte mich in eine Versammlung in einem Ruinenkeller am Bremer Marktplatz geschlichen, das sogenannte Bremer Haus. Da trafen sich alte Hafenarbeiter. Die meisten trugen dunkel durchgefärbte Militärmäntel und stritten sich über etwas, was ich gar nicht verstand. Plötzlich erschien Anna. Alle verstummten. Und dann hat diese kleine, zarte, sehr bleiche Person den gestandenen Männern gesagt, wo es langgeht. Und diese Kerle, die sich eben noch in den Haaren gelegen hatten, waren ergriffen. Keiner hat ihr widersprochen. Damals habe ich gespürt: Das ist eine Autorität von ganz eigener Kraft und Qualität. Die hat nichts mit Körperkraft zu tun, sondern mit der Überlebenskraft dieser

Frau. Etwas Ähnliches habe ich übrigens auch bei vielen anderen gespürt, bei Martin Niemöller zum Beispiel. Niemöller und Kurt Schumacher schienen mir damals manchmal auch wie Menschen von einem anderen Stern. Sie hatten im KZ Dinge erlebt, die ich mir gar nicht vorstellen konnte. Hinter ihren Anklagen war immer auch die tiefe Verletzung zu spüren.

Warum habt ihr nicht gekämpft?

Es waren natürlich nicht nur diese Menschen, die mich zur Politik gebracht haben. Aber sie haben mich doch beeinflusst und dazu gebracht, mich schon als Jugendlicher dafür zu interessieren, warum sich die ältere Generation in der Zeit der Diktatur so verhalten hat, wie sie sich verhalten hat. Das war damals eher ungewöhnlich. Die meisten waren damit beschäftigt, erst einmal ihr Überleben zu sichern. Bei uns war das anders. Wir haben unseren eigenen Eltern schon früh kritische Fragen gestellt. Mein um fünf Jahre älterer Bruder, der später Professor wurde, war natürlich auch dabei immer viel weiter als wir jüngeren. Aber wir haben seine Perspektive übernommen. Im Fahrwasser des großen Bruders haben auch wir unseren Eltern gesagt: „Warum habt ihr euch nicht stärker gewehrt? Warum habt ihr nicht wirklich gekämpft gegen die Nazis? Nur beten, das hat offensichtlich nicht gereicht, das habt ihr doch auch selber gemerkt?"

Unsere Eltern fanden nicht nett, dass wir solche Fragen stellten. Aber das war keine pubertäre Aufmüpfigkeit, wir wollten nicht frech sein. Wir wollten eine Erklärung haben. Durch die Beschäftigung mit der Vergangenheit wollten wir etwas für unsere Gegenwart lernen und für uns selber, für die eigene Zukunft die Frage klären: Was machen wir nun? Wie können wir verhindern, dass sich das wiederholt? Jedenfalls wurde uns bald klar: Man kann sich nicht im Raum der Kirche abschotten, wenn es darum geht, gegen Mörder anzugehen. Das reicht nicht. Die Kirchen allein schaffen das nicht, man muss sich in einem größeren Rahmen organisieren. Diese These vertraten wir dann vehement. Von dieser These hielt mein Vater freilich nicht viel. Meine Mutter schon eher, die hatte schon vor 1933 nur SPD gewählt. Sie war auch nicht so fromm wie ihr Mann. Und sie hatte Schlimmes erlebt. Sie war traumatisiert. Als Helferin hatte sie in einer Apotheke gearbeitet, die Juden gehörte, und auch bei dieser Familie gewohnt. 1933 vergiftete sich die ganze Familie – die Eltern zusammen mit ihren Kindern. Sie hatten für sich keine Zukunft mehr gesehen. Meine Mutter, die eine Art Hausmädchen in dieser Familie war, hat die Leichen gefunden und war seit dieser Stunde tief verletzt. Wenn sie die Nazis gehasst hat, dann aus Menschlichkeit: Das waren Mörder.

Uns Kindern war also nach dem Krieg klar: Beten allein hilft nicht. Man muss sich organisieren. Also haben wir uns umgesehen. Die Kommunisten fanden wir schrecklich, weil die so dummes Zeug redeten. Bei der CDU hatten wir große Mühe herauszukriegen: Warum sind die eigentlich christlich? Unser Pastor hatte schließlich immer gepredigt: Man soll nicht mit dem Christentum hausieren gehen, man darf mit dem Christentum keine Partei machen. Aber warum, das haben wir lange nicht kapiert. In der Anfangs-CDU gab es aber immerhin Leute wie Heinemann. „Unser Gustav", dachten wir, „warum denn eigentlich nicht?" Mein Vater fand die SPD überhaupt nicht gut, aus einem instinktiven Verdacht heraus: Die haben was gegen die Kirche, und die haben was gegen meinen Laden. FDP – das war die Partei für meinen Vater, der in der Handelskammer organisiert war und dessen Berufskollegen meist in dieser Partei waren.

Und dann haben wir langsam, ganz langsam herausgekriegt, wer denn welche Rolle in der Nazizeit gespielt hatte. Aber wirklich ganz langsam. Keiner wollte sich dazu bekennen. Unser erster Bürgermeister, Wilhelm Kaisen, den ich verehrt habe, war Senator gewesen, bis die Nazis ihn 1933 aus dem Amt jagten. Kaisen hatte nach der Machtergreifung gesagt: Widerstand ist sinnlos, wir müssen und werden die Nazis überleben. Er kaufte einen kleinen Siedlerhof am Rande der Stadt und zog sich – gemeinsam mit seinem behinderten Sohn, den er dort beschäftigen wollte – ins innere Exil zurück. Der nichtbehinderte Sohn ist im Krieg gefallen, das war sein großer Kummer. 1945, bereits in der Woche nach der Befreiung, hatten die Engländer ihn schon wieder ins Rathaus geholt, weil ein jüdischer Emigrant im Stab der Besatzungstruppe ihn kannte und gesagt hatte: Das ist ein redlicher Mann.

Aufbau, Aufbau, Aufbau

Dieser neue Bremer Bürgermeister, Wilhelm Kaisen, hatte 1945 überhaupt kein Interesse an dem Thema Entnazifizierung, nicht einmal wenn es um ehemalige Mitgliedern der SS ging. Seine Devise: Bloß jetzt keine große Abrechnung. Sein Motto war: Aufbau, Aufbau, Aufbau. Kaisen hat sich damals selber in die Trümmer gesetzt und mit den Trümmerfrauen Steine geklopft. Die damit verbundene Botschaft: Jeder muss da, wo er ist, etwas tun, damit es hier wieder losgeht. Der Neubeginn hat erste Priorität. Kaisen war aus diesem Pragmatismus heraus überhaupt nicht an der Aufarbeitung der Vergangenheit interessiert. Ich kenne KZ-Opfer – verfolgt, weil sie Sozialdemokraten waren –, die mir später völlig verzweifelt erzählten: „Er wirft uns vor, dass wir offen gegen die Nazis angegangen sind, nur weil er selbst der Meinung war, Widerstand sei sowieso sinnlos."

Dieser Umgang mit der jüngsten Vergangenheit ist in Bremen nie richtig aufgearbeitet worden. Als ich später als junger Regierungsrat beim Innensenator an alte Entnazifizierungsakten kam, habe ich auch die von Kaisen unterschriebenen „Persilscheine" gefunden. Sie waren in aller Regel nicht mit einer Begründung versehen. Der hatte gar keine Lust gehabt, das zu rechtfertigen. Sein Pressechef, früher Reichstagsabgeordneter, ein Linker, der im KZ gesessen hatte – hätte da eigentlich aufschreien müssen. Kaisen zuliebe hat er es nicht getan.

Es gab damals in Bremen eine klare sozialdemokratische Mehrheit, Kaisen war hoch anerkannt, und er hat die CDU, die neun Prozent hatte, mit dem Argument mit in die Regierung genommen: Wir müssen das Bürgertum integrieren, wir brauchen auch Kaufleute. Betriebsräte können keine Betriebe führen. Wir brauchen Leute, die das können. Es ging also damals in einer ganz breiten Front um Integration, um den Aufbau, um den Blick nach vorne, oder, wie man auch sagte, um das Ganze. Die Bereitschaft zur Aufarbeitung der Vergangenheit Einzelner war gering.

Der Sohn von Willy Brandt, der Historiker Peter Brandt, hat in seiner Habilitationsarbeit über Antifaschismus und Arbeiterbewegung diese Politikphase in Bremen 1945/46 aufgearbeitet. Darin setzt er sich mit der Tatsache auseinander, dass die Antifa noch in den letzten Wochen der Naziregierung in Bremen versucht hat, sich zu organisieren, um Bremen selbst zu befreien. Kaisen hielt nichts davon. Seine Überzeugung: Das gibt nur zusätzliche Tote. Als dann die Engländer da waren, waren die Antifa-Leute enttäuscht, dass sie ihre Stadt nicht selber befreit hatten, wie das im KZ Buchenwald geschehen war.

Kaisen, der klassische Mehrheitssozialdemokrat, war immer entschieden gegen die Überlegungen, mit der USPD (der 1917 gegründeten Unabhängigen Sozialdemokratischen Partei Deutschlands) zu koalieren oder mit den Spartakus-Leuten zusammenzuarbeiten. Er hatte schon in der Weimarer Republik lange Zeit die Minderheitsregierung der Konservativen getragen, weil er sagte: Bloß nicht mit den Linken, das wird nie was. Helmut Schmidt hat Kaisen übrigens bewundert – nahezu als einzigen.

Kaisen war mit seiner Einstellung repräsentativ für viele Überlebende. Die wollten mehrheitlich wieder nach vorne, wollten wieder aufbauen, wollten die tiefen Wunden möglichst zuwachsen lassen und nicht offenhalten. Für sie waren auch die Entnazifizierungsverfahren eine Last.

Ich selber, als junger Mensch beeindruckt vom Widerstand und geprägt von den Leuten, die im KZ gewesen waren, fand diese Tendenz zur Integration der Altnazis einfach nur opportunistisch. Manches hat mich sogar empört: Etwa, dass der SPD-Innensenator Adolf Ehlers, ein früheres KPD-Mitglied, damals lieber alte Nazis in der Polizei einstellte als Verfolgte. Als Lauritz Lauritzen, der spätere Bundesbauminister, ein anerkannter Widerständler und erfahrener Jurist, Polizeipräsident werden wollte, hat er ihn nicht genommen. Polizeipräsident wurde schließlich jemand, der während des Kriegs im Generalstab keine gute

Rolle gespielt hatte und der im Juli 1932 beim berüchtigten Blutsonntag in Altona, bei dem 18 Menschen ums Leben gekommen waren, als Polizeioffizier auch auf zivile Demonstranten geschossen hatte.

Der erste Kulturchef in Bremen, Dr. Lutz, war ein Kunsträuber, der den Veitsaltar aus der großen Marienkirche in Krakau gestohlen und mit ein paar anderen braunen Spießgesellen in den besetzten Gebieten alles, was wertvoll und beweglich war, geraubt und „heim ins Reich" geführt hatte. Es ging mir nicht in den Kopf, ich empfand es geradezu als Schande: Ein solcher Mann war unter Sozialdemokraten die zentrale Figur im Bereich Kultur im Bremen der Nachkriegszeit. So viel Opportunismus war mir zuwider.

Aufarbeiten eines Albtraums

Unter solchen Umständen bin ich in die Politik hineingewachsen. Ich wollte zusammen mit zwei anderen Jungsozialisten ein Schwarzbuch über diesen Dr. Lutz schreiben. Leider haben wir das nicht geschafft, denn es war zu kompliziert. Er war so raffiniert, hatte sich geschickt getarnt und auch Widerständler, die wirkliche Opfer waren, auf seine Seite gezogen. Er protegierte sie, wenn sie ihm nützlich waren und hatte sogar einen linken Theaterintendanten nach Bremen geholt. Er war sehr schwer zu überführen. Wir waren drei Jusos und bekamen Reaktionen zu hören wie: „Was greift ihr unsere Leute an? Wir brauchen die."

Die konsequente Aufarbeitung des Naziunrechts blieb im sozialdemokratisch geführten Bremen auf der Strecke.

Keiner wollte das, obwohl da an der Spitze Leute saßen, die wirklich nichts mit den Nazis zu tun hatten und vorbildlich durch die NS-Zeit gegangen waren. Selbst die hatten kein Interesse daran. Und auch unsere Lehrer hatten kein Interesse daran. Die ersten, die dann etwas mit uns dazu gemacht haben, waren Referendare in den letzten zwei Schuljahren.

Persönlich hatte Aufarbeitung für mich drei Aspekte. Zuerst: Wissen, was war. Dann: Verstehen, wie es hatte passieren können. Und schließlich: Lernen aus dem, was da passiert war. Ich wollte aus der Vergangenheit Konsequenzen ziehen. Das war ein tiefer Impuls. Schon als Schüler fing ich an, in ehemalige KZs zu fahren. Als Student ging das weiter, ich wollte das System der Unterdrückung kennenlernen. Ich habe versucht, KZ-Überlebende bei Besuchen persönlich auszufragen, ich habe Bücher gesammelt, die zum Teil in winzigen Kleinauflagen erschienen waren, meist Erfahrungsberichte von KZ-Überlebenden, die eine Welt des Schreckens anschaulich werden ließen. Ich versuchte, in diese Welt einzudringen, um ihr Funktionieren, ihre Hintergründe zu verstehen.

Die Opfer mussten durch ihre Berichte versuchen, auch seelisch zu überleben. Wie mühsam und langwierig das war, erlebte ich später bei einer – inzwischen verstorbenen – Freundin. Sie, eine Psychologin, hat ihren Bergen-Belsen-Albtraum zuerst in einer Analyse bearbeitet, dann ein Psychologiestudium angeschlossen, um ihre Erfahrungen zu verstehen. Schließlich hat sie eine Doktorarbeit über von ihr gesammelte Biografien von Überlebenden geschrieben. Ihre Arbeiten sind eine bittere Lektüre, weil sich zeigt, dass viele dieser Menschen gescheitert sind. Primo Levi zum Beispiel hat Auschwitz überlebt, hat eindrucksvolle Bücher darüber geschrieben und sich am Ende das Leben genommen. Und wie ihm ist es vielen nicht gelungen, diesen Albtraum aufzuarbeiten.

Mein Klassenkamerad Siegfried Israel Propper

Wo früher die alte Bremer Synagoge stand, ist heute ein Erinnerungsdenkmal. Vor diesem Denkmal veranstaltet die Bürgerschaft zum Termin der Reichpogromnacht jährliche Gedenkfeiern. Auch die jüdische Gemeinde beteiligt sich, der Rabbiner singt ein großes Kaddisch. Am 9. November 2010 habe ich hier etwas erlebt, was mich bis heute beschäftigt. Es trat ein alter Bremer auf, der mir irgendwie bekannt vorkam, aber ich wusste nicht, woher. Dieser Mann, im Dezember 1937 geboren, Sohn einer nichtjüdischen Mutter, erzählte jetzt das erste Mal, dass er als Sohn eines jüdischen Vaters aus Bremen, der in Auschwitz umgebracht worden ist, das Konzentrationslager Theresienstadt überlebt hat. Er musste ab Dezember 1943 den „Judenstern" tragen und wurde im Alter von sieben Jahren noch am 13. Februar 1945 nachts abgeholt und in das Ghetto Theresienstadt deportiert. Die Mutter blieb in Bremen. Er überlebte und kehrte nach dem Kriege nach Bremen zurück, in die Schule – die gleiche Schule, die ich auch besucht hatte. Er war mein Klassenkamerad. Und er hatte nie was davon gesagt. Ich hatte also einen Klassenkameraden, Siegfried Propper, aus dem die Nazis Siegfried Israel Propper gemacht hatten. Das „Israel" hat er uns immer verschwiegen.

Siegfried ist gleich nach dem Abitur in die USA gegangen, hat versucht, dort sesshaft zu werden, kam aber in den 80er-Jahren zurück nach Frankfurt und sprach jetzt, fast 30 Jahre später, zum ersten Mal über seine Schulzeit in Bremen. Als wir Kinder waren, herrschte bei uns offensichtlich eine Atmosphäre, in der man von so etwas nicht sprach.

Wieso hatte Siegried Propper erst jetzt geredet? Ich fragte ihn. Seine Antwort: „Ich hatte Angst, dass ich dann überhaupt niemanden mehr erreichen würde." Da hat also einer neben mir gelebt, von dessen Schicksal ich nichts wusste. Und er hat nicht gewagt, uns zu erzählen, dass er Theresienstadt erlebt hatte.

Es bleibt der Stachel: Siegfried Propper war in meiner Klasse, und niemand wusste, was es mit ihm auf sich hatte. In diesem humanistischen Gymnasium gab es niemanden, der über die jüngste Vergangenheit redete.

Wir haben uns dann gedrückt und umarmt – und geheult.

Die Geschichte mit Siegfried Propper machte mir auch deswegen zu schaffen, weil ich immer dachte: Ich hatte das Glück, in einem Stadtstaat aufzuwachsen, in dem es sogar in der Nazizeit für das Bürgertum zum guten Ton gehörte, kein Nazi zu sein. Ich hatte etwa einen Brief von der Mutter einer Freundin gefunden, deren Mann der angesehene Präses der Handelskammer war. Sie selber, eine Dame, schreibt in diesem Brief an die Ortsleitung der NSDAP: „Bitte streichen Sie uns, wir geben keinen Pfennig mehr für Sie. Mit Ihrer menschenverachtenden Propaganda haben wir nichts zu tun."

Für die Bremer Großbürger waren das ungebetene Barbaren, grobe Rüpel und Schläger. Die waren unkultiviert, die gingen nicht ins Konzert oder ins Theater, die kannten die Matthäuspassion nicht, die verachteten die Oper, hatten Goethe nie gelesen. Sicher: Das war keine politische Reaktion und hatte durchaus auch etwas dünkelhaft Bildungsbürgerliches. Und dann gab es in der Kirche neben den Mitgliedern der Bekennenden Kirche auch Personen in den Hauptkirchen, die sich von den Deutschen Christen fernhielten, sich aber nicht trauten, in die Bekennende Kirche zu gehen. Das waren wunderbare Leute, die ich als Personen geschätzt habe. Was ich damit sagen will: Ich bin in einem Milieu aufgewachsen, das sich die Nazis mit allen erreichbaren und verfügbaren Mitteln vom Hals gehalten hat. Nazis gab es bei uns nicht. Ich kenne keinen, der bei uns zu Hause mit einem braunen Hemd oder gar mit Parteiabzeichen aufgetaucht wäre. Und trotzdem: Die so notwendige Aufarbeitung der Vergangenheit ist nach 1945 nicht gelungen. Das ist erst passiert, als im Zuge der Studentenbewegung auch Schüler politisiert wurden. In Bremen gab es ja noch keine Studenten, die Universität wurde erst 1971 gegründet. Bei uns war es eine Schülerbewegung: USB, der unabhängige Schülerbund. Die haben dann im Windschatten der Studenten an den Universitäten den Aufstand gegen ihre Lehrer und gegen die eigenen Eltern angezettelt. Ich war damals schon mit meinem Studium fertig, bereits in Amt und Würden und das Gegenstück zu den Achtundsechzigern: Regierungsrat beim Innensenator, zuständig für Sicherheitsüberprüfungen und für Geheimdienste, ich kontrollierte den Verfassungsschutz. Also genau das Gegenteil von denen. Einer hat auch mal hinter mir hergebrüllt: „Der, der ist immer auf der anderen Seite …"

Nachkriegspragmatiker

Dass sich nach dem Krieg in unserer Stadt kaum jemand um die Nazis und um die Vergangenheit gekümmert hat, das ist – so schrecklich es klingt – kein Einzelfall, der nur Bremen berührte. Ich habe das wiederholt erlebt, auch in anderen Zusammenhängen. Fünfzig Jahre nach dem spanischen Bürgerkrieg war Felipe Gonzales Ministerpräsident, hoch angesehen, ein aufrechter Kämpfer gegen Franco und Sozialdemokrat. Aber auch Felipe wollte keine Aufarbeitung der Vergangenheit. Sein Argument: Sonst bricht das Land auseinander. Das trennt die Familien, hat er mir erklärt, da sind Brüder auf der einen und Brüder auf der anderen Seite gewesen. Die wissen genau, wo die Toten begraben sind und sobald sie die ausgraben, geht das hier wieder los. Das können wir alles nicht gebrauchen, die Wunden würden wieder aufbrechen.

Die Bremer Nachkriegsregierung war im Grunde in der gleichen Lage: Jetzt sind wir endlich an der Macht, wir waren immer nur Nobodys, jetzt werden wir regieren und nicht uns verzetteln. Jetzt wollen wir das Land nach vorne bringen, jetzt wollen wir Koalitionen machen. Und wir werden Bäume ausreißen und Berge versetzen.

Als 2010 die Vergangenheit des Auswärtigen Amts durch die wissenschaftliche Aufarbeitung einer Historikerkommission für Schlagzeilen sorgte, habe ich Egon Bahr, den engen Mitarbeiter Willy Brandts, gefragt: „Warum habt ihr eigentlich das alles auf sich beruhen lassen?" Seine Antwort: „Wir wollten die Ostpolitik machen, wir brauchten ein loyales Amt und waren überhaupt nicht interessiert an diesen alten Geschichten. Uns ging es darum, schnellstmöglich endlich den Kalten Krieg zu beenden, und die Di-

plomaten waren opportunistisch, die haben alles mitgemacht. Das hat uns gereicht. Alles andere hätte uns von
unserem politischen Hauptziel abgehalten." Das war Egon
Bahrs Begründung dafür, dass Willy Brandt als Außenamts-
chef die alten Naziakten ruhen ließ: Es war ihm nicht wichtig genug.

Diese Option ist sicher nicht zu verwechseln mit einem Machiavellismus, dem es um Machterhalt um der
Macht willen geht. Hier ging es um Inhalte. Willy Brandt
wollte mit allen erreichbaren Möglichkeiten den Kalten
Krieg beenden und aus der Ost-West-Spaltung herauskom-
men. Er wollte – ich finde bis heute: richtigerweise – eine
Friedenspolitik einleiten, die das Ziel hatte, abzurüsten
und Europa zu vereinigen. Ein großes Ziel, das auch erreicht worden ist, und zudem eher als ich und viele andere
gedacht hätten. Der Vertrag von Helsinki 1975 über Sicherheit und Zusammenarbeit in Europa wäre ohne ihn wahrscheinlich so gar nicht zustande gekommen, jedenfalls
hätte er nicht diese Wirkung gehabt.

Ist ein solch pragmatischer Umgang mit der eigenen
Geschichte bestimmt von der Grundhaltung, der Zweck
heilige die Mittel? Nimmt man bestimmte Dinge einfach
nicht wahr oder nimmt man sie nur nicht so wichtig? Nicht
nur im Auswärtigen Amt, sondern auch im Nachkriegs-Bre-
men brauchte man qualifiziertes Personal, und wo war das
schon zu finden? In der DDR waren linientreue kommunis-
tische Arbeiter als Betriebschefs eingesetzt worden – und
damit hat man die Betriebe ruiniert, weil die keine Ahnung
hatten. Natürlich gab es auch Ausnahmen. Aber prinzipiell
stimmt es für ganz Deutschland: Nicht nur die CDU-Leute,
sondern auch die SPD-Leute, die in der Regierung saßen,
hatten in erster Linie Interesse daran, dass dieses völlig rui-

nierte Land, in dem nichts mehr ging, schrittweise wieder aufgebaut wurde. Sie wollten vor allem dafür sorgen, dass die Leute wieder etwas zu essen hatten, dass sie wieder ein Dach über dem Kopf hatten, dass die Energieversorgung wieder funktionierte, dass die Krankenhäuser wieder arbeiten konnten und in der Schule wieder unterrichtet werden konnte. Die alten Arbeitsplätze waren zerstört, alles lag in Ruinen. Der Bremer Hafen zugeschüttet, Kräne umgestürzt, Schiffe versenkt. All das musste in Ordnung gebracht werden. Pragmatismus stand im Vordergrund: Die Arbeiter haben den Hafen aufgeräumt. Ohne Geld, weil sie wollten, dass es dort wieder lief. Denn dort verdienten sie das Geld, mit dem sie ihre Familien ernähren mussten.

Es war ein Dilemma. Ich habe inzwischen Verständnis dafür, wie man sich damals verhalten hat. Wir müssen vorsichtig sein in der moralischen Bewertung der Geschichte.

Und heute …?

Wer damals versucht hätte, zuallererst die Böcke von den Schafen zu sondern, hätte in der breiten Bevölkerung wenig Resonanz gefunden. Er hätte vielleicht Leute aus dem Land getrieben, zumindest hätten diese Menschen nicht angepackt und mit aufgeräumt. Als Junge war ich darüber empört, als Schüler war ich empört, als Student war ich empört, als Juso war ich empört. Ich habe verlangt: Das muss auf den Tisch, wir müssen uns durch eine Katharsis läutern, kein Mensch im Ausland wird uns sonst auch nur noch einen Satz glauben, wenn wir das nicht schaffen. Das habe ich oft gesagt. Inzwischen denke ich anders: Es gab eine Not, deren Ausmaß wir uns heute gar nicht mehr klarmachen. Und in dieser unvorstellbaren Not gab es Handlungszwänge. Man musste den Leuten jeden Tag Essen verschaffen, man musste ihnen Kleider verschaffen, man musste die Bomben wegräumen. Und man brauchte Menschen, die wissen, wie man das macht. Wer konnte denn Bomben entschärfen? Doch nur die alten Militärs. Nicht die Widerständler. Die brachten sich womöglich dabei noch zu Tode, weil sie mit den Zündern falsch hantierten. Also holte man die, die Bomben entschärfen konnten, damit es überhaupt wieder möglich war, ungefährdet auf die Straße zu gehen.

Als Senator Adolf Ehlers, früher immerhin einmal KPD-Mitglied, sich weigerte, einen Linken aus dem Widerstand als Polizeipräsidenten zu nehmen, wollte er auch die jungen ehemaligen Offiziere für den neuen Staat gewinnen, also Leute wie Klaus von Bismarck oder Helmut Schmidt. Vermutlich dachte er: Ein ehemaliger Militär kommt eher an diese Menschen heran als ich alter Kommunist. Damals war ich empört. Wenn ich es heute beurteile, denke ich: Es war möglicherweise Ausdruck politischer Klugheit.

Ein Gemeinwesen braucht beides: Ordnung und kritische Geister. Es braucht Menschen, die sich empören. Es braucht aber auch Menschen, die versuchen, Stabilität und Ruhe zu sichern oder im Alltag eine pragmatische Sicht der Dinge einzubringen. Ohne kritische Geister herrscht in einer Gesellschaft Friedhofsruhe. Wenn alle immer nur pragmatisch gedacht und gehandelt hätten, wäre es trist geworden in der Bundesrepublik. Es war dringend notwendig, dass es immer wieder Anläufe dazu gegeben hat, auch gegen den Mainstream, die Vergangenheit aufzuklären und aufzuarbeiten.

IV

Und das Persönliche: Die Liebe und der Alltag

Ich war 17, als ich mich in Luise, meine spätere Frau, verliebte. Ich wusste sofort: Das ist die Richtige. Ich traute mich aber nicht, ihr das zu sagen. Vier Jahre bin ich hinter ihr hergelaufen. In immer neuen Anläufen, ohne dass sie richtig kapiert hätte, dass ich wirklich und über beide Ohren in sie verliebt war. Meine Angst war immer nur, dass sie sagt: „Das ist nichts, wir sind viel zu jung." Nach vier Jahren endlich hat sie gesagt: „Wir gehören zusammen." Meine Antwort: „Das will ich dir seit vier Jahren sagen, ich hatte nur Angst, dass du Nein sagst"

So fing das an. Und dann, gleich beim ersten gemeinsamen Urlaub, wurde sie schwanger. Ungeplant. Wir wollten heiraten, aber natürlich erst nach dem Examen, mit beruflicher Sicherheit. Wir wollten das unseren Eltern erst einmal sachte beibringen. Und vor allem: Wir wollten ausprobieren, ob das wirklich richtig war, sie wollte nach Freiburg und ich nach Hamburg. Und dann haben wir doch schnell, mit Kind, geheiratet. Meine Schwiegermutter sagte: „Ihr habt mit Vorliebe geheiratet." Ich mag diese Formulierung, sie ist viel schöner als „heiraten müssen".

In dieser Zeit, in der wir ein Kind hatten und beide noch studierten, haben wir die Familienarbeit geteilt. Damals konnte ich so ziemlich alles. Von Wickeln bis Bügeln, das ganze Programm. Und als wir dann unser Examen hatten, hat meine Frau beschlossen: Jetzt mache ich erst einmal eine Babypause. Dann kam unser zweites Kind, ein

Junge, und schließlich unsere zweite Tochter, das dritte Kind. Es waren also jetzt drei Kinder da, ich war im Referendariat, hatte die Funktion eines Studienleiters beim Evangelischen Studienwerk, habe parallel dazu die Doktorarbeit geschrieben – und Politik gemacht. Ich habe mit Freude gearbeitet und bin überhaupt nicht auf die Idee gekommen, dass ich mich mit all diesen spannenden Engagements meiner Vaterrolle entziehe. Da war zwar ein untergründig schlechtes Gewissen, aber mehr nicht. Und dabei dachte ich: Das ist eben so, sie will das auch.

Als wir wieder zurück in Bremen waren und in einer Neubausiedlung wohnten, sagte meine Frau eines Tages zu mir: „Das Einzige, was ich mit erwachsenen Menschen am Tag rede, ist: ‚Könnte ich ein Viertelpfund Leberwurst haben?' Sonst rede ich nur mit meinen Kindern." Kurz: Ihr fiel die Decke auf den Kopf. Es war eine ganz schwierige Zeit für sie. Und es belastete unsere Beziehung. Ich war damals rund um die Uhr unterwegs und fühlte mich wohl dabei. Es gelang mir ganz viel, auch politisch. Ich war so etwas wie ein Vorkämpfer der Jusos, auf Parteitagen immer der Hauptdiskutant, meine rhetorischen Scharmützel mit Helmut Schmidt sorgten für Zündstoff und Aufsehen. Ich stand in der Öffentlichkeit und genoss es. Aber privat war das eine schwierige Phase. Diesen kritischen Punkt haben wir dadurch überwunden, dass meine Frau in ihre Referendarszeit ging. Voraussetzung dafür war, dass wir unsere Jüngste in einen Kinderladen geben konnten, den wir deswegen gegründet haben. Und erst dann, als der Kinderladen da war und sie wieder als Referendarin arbeiten konnte und damit außerhäusliche Kontakte hatte, fühlte Luise sich wohler in ihrer Haut.

Dass unsere Kinder alle politisch geworden sind, das ist nicht meine Leistung, sondern die meiner Frau. Wenn die nur auf mich geguckt hätten, hätten die eigentlich sagen können: Die Politik bringt den Vater weg aus der Familie. Der ist ja ständig unterwegs und nie zu Hause. Aber meine Frau, die damals im Bundes-Vorstand von Amnesty International war, hat diese Arbeit mit Berufstätigkeit und ihrer Familienrolle vereinbart. Und hat dadurch wohl stärker auf die politischen Biografien unserer drei Kinder eingewirkt als ich.

Wie gut habe ich meine Elternrolle ausgefüllt? Ich habe immer gedacht, ich wäre ein Supervater. Das war ich sicher nicht. Je älter ich bin, umso selbstkritischer sehe ich das. Das Vermitteln eigener Vorstellungen an Kinder ist an sich schon nicht einfach. Das geht nicht in dem Sinn: „Übertrag mal unser Vorbild auf dein Leben, mach das so, wie wir das machen!" Es ist sehr viel komplizierter. Aber trotzdem bin ich zufrieden zu sehen: Unsere Kinder sind „angekommen", alle drei. Sie sind angekommen – in der Liebe zu ihren eigenen Kindern.

Lieben und Lassen – unsere Kinder und wir

Unsere Kinder haben nicht das gleiche Leben gelebt wie wir: Natürlich nicht. Sie haben auch nicht unseren Lebensentwurf. Für uns ist das in Ordnung. Meine Frau und ich sind lebenslang zusammengeblieben. Unseren Kindern ist das mit ihren Partnern nicht gelungen, obwohl sie es zunächst sicher wollten. Da will ich nicht von „Scheitern" sprechen. Es geht ja vielen Eltern unserer Generation so: Sie erleben an ihren Kindern Lebensverläufe, Lebensentwürfe, die sie selber so nicht gelebt haben. Eltern kommen aber, auch wenn sie selbst für sich andere Vorstellungen haben, in aller Regel damit zurecht, wenn die Kinder selber damit zurechtkommen.

Vorbild sind wir ihnen höchstens „um die Ecke". Was wir ihnen vermittelt haben, das ist mit der Kindheit nicht abgeschlossen, das erlebe ich noch jetzt, im Alter: Ich bin glücklich, wenn ich etwa sehe, wie unsere Kinder sich über ihre eigenen Kinder neu „sortieren", und wie es ihnen gelingt, all das, was sie an persönlichen Wünschen und beruflichen Selbstverwirklichungsplänen haben, glücklich damit zu verbinden.

Wir haben bei unseren Kindern eine Regel durchgehalten: Während der Schulzeit sollten sie ein Jahr im Ausland verbringen. Allein, nicht mit einer Gruppe. Julia ging bereits als 15-jährige für ein Jahr nach Nicaragua, ohne Hilfe einer Organisation, 1981. Sie besuchte dort die Schule und half bei Ernteeinsätzen. Christian war ein Jahr in den USA als Austauschschüler. Sich in einer fremden Sprache orientieren, in einer fremden Familie zurechtkommen, das war für alle eine sehr große Hilfe. Und wir haben ihnen gesagt: Bevor Ihr euch entscheidet, was ihr nach dem Abitur macht, schaut euch um und guckt auch verschiedene Berufe an. Und wenn ihr im Studium seid, studiert nicht nur in Deutschland. Und schon gar nicht zu Hause. Also hatten sie nach ihrem Berufsabschluss unterschiedliche Auslandserfahrungen in ihrer Biografie.

Natürlich lerne ich auch von meinen Kindern, immer noch, ununterbrochen. Die sind alle drei noch sehr viel internationaler als Luise und ich.

Caroline hat als Ärztin lange in Afrika gearbeitet und lebt heute in Wales.

Christian ist als Forschungsmanager weltweit unterwegs, kommuniziert rund um den Erdball und hat ein fantastisches Netzwerk.

Julia, die jüngste, leitet bei der Heinrich-Böll-Stiftung das Asien-Referat, ist also auch für Länder wie Afghanistan und Pakistan zuständig. Vorher war sie fünf Jahre in Israel.

Sie alle würden die Familienaufgaben nicht mehr so „schön teilen", wie ich das noch getan habe: die Ehefrau erzieht, der Mann ist zuständig für den Beruf und das Geldverdienen. Sie verstehen ihre Rolle gegenüber den Kindern auf ihre eigene Weise. Ich selber habe zwar immer von mir gedacht, dass ich „teilte", und das auch intellektuell vertreten – aber offensichtlich habe ich es nicht praktiziert.

Natürlich haben auch die Kinder meine durch die politische Laufbahn bedingte Abwesenheit eines „öffentlichen Übervaters" keineswegs positiv empfunden. Mein Sohn hat mich später einmal direkt darauf angesprochen: „Hinterfragst du dich, ob du etwas verpasst hast, als Preis für deine Karriere? Bist du eine Zumutung oder ein Segen für heranwachsende Kinder gewesen? Kann man aus deinen Erfahrungen lernen?"

Man kann: Das Leben mit den eigenen Kindern ist eben auch für Eltern ein lebenslanger Lernprozess.

Mit der Partnerschaft ist es nicht anders.

Partnerschaft – ein schwieriger Lernprozess

In der Partnerschaft war mir wichtig: Sich nicht aneinander abarbeiten, sondern sich gegenseitig anerkennen. Ich habe oft über diesen Zusammenhang nachgedacht und mir diese Erklärung zurechtgelegt: Ich habe meine Mutter sehr geliebt, aber sie hat immer darunter gelitten, dass sie wegen ihrer Krankheit keine rechte Schulbildung bekommen und nicht das erreicht hat, was sie sich wirklich wünschte. Und sie hat auch unter diesem sehr frommen, aber auch sehr schlichten Ehemann gelitten, der immer nur seine Frömmigkeit hinausposaunte. Sie war viel differenzierter als er. Was ich meiner Mutter gewünscht hätte, was ihr aber nicht gelungen ist, das hat mich aufmerksam gemacht. Und dass ich mich in meine Luise verliebt habe, und zwar aus dem Stand, das erkläre ich mir auch damit, dass ich mir ein Frauenbild als Ideal zurechtgelegt hatte, das der Selbstständigkeit hohen Wert zumaß. Ich erinnere mich an ihren Auftritt als Schulsprecherin bei einem Schulfest, als sie eine Rede hielt. Am nächsten Morgen sagte ich zu meiner Mutter: „Ich weiß nicht, wer das ist. Ich weiß noch nicht einmal, wie sie heißt und wo sie wohnt. Ich weiß nur: Das wird später einmal meine Frau." Die Antwort meiner Mutter: „Hast du noch alle Tassen im Schrank? Geh mal kalt duschen. Und dann mach erstmal Abitur." Ich war nicht zu erschüttern. Und das Entscheidende: Dass eine Frau bewusst einen eigenen Platz besetzt, nicht hinter Männern herrennt und sich als Schatten anderer definiert, sondern die eigene Rolle spielt, das hat mich stark beeindruckt. Es beeindruckt mich bis heute.

Natürlich war das bei meiner Frau und mir auch ein Lernprozess: von der klassischen Rollenverteilung bis zur Anerkennung. Seit wir das können, haben wir auch eine richtig stabile Beziehung, die belastbar ist und etwas aushält, auch mit Rückschlägen zurechtkommt.

Meine Töchter richten sich nicht nach dem Vater, sondern nach ihrer Mutter. Manchmal staune ich, was die alles übernommen haben, natürlich nicht in Nachahmung, aber die Wurzel ist doch ganz deutlich. Unsere Enkeltochter Emma sagt: „Oma ist bossy. Mama ist bossy. Und Emma ist auch bossy." Und da hat sie recht. Wenn ich Kind wäre, ich würde das genauso wahrnehmen. Emma ist farbig, weil sie einen farbigen Vater hat, in ihrer Schule ist sie die einzige Farbige und Klassensprecherin und unsere anderen Enkel sind so sehr auf Emma fixiert, dass man sich als Großvater nur mit ihr verständigen muss, damit etwas läuft.

Mit dieser Art von Dominanz komme ich gut klar. Ich lebe viel lieber mit einer starken und selbstinitiativen Frau, als mit jemand, die mir ständig sagt: „Du bist der größte, schönste und allerbeste." Lebendige Partnerschaft heißt auch: Kritik akzeptieren, und das verlangt Kompromissfähigkeit. Es ist bis heute spannend, was der jeweils andere sich gerade vornimmt, was er wichtig findet und wie er das, was der andere macht, kritisiert – ohne es niederzumachen. Scharfe, aber solidarische Kritik ist etwas Kostbares. Bewunderung ist langweilig. Nur wer Konflikte erträgt und Unterschiede aushält, kann lernen und sich entwickeln. Das passiert bei uns ständig. Über Krisen kommt man weiter, weil sie zur Reflexion und zur Veränderung zwingen. Sie reißen einen aus dem Trott der Gewöhnung. Nur so kann man auch reifen.

Es gibt einige starke Frauen, die mein eigenes Frauenbild geprägt haben: Die Großmutter, die ich geliebt habe. Die Mutter, der ich ganz nahe war und mit der ich gelitten habe. Sie dachte nach einer Totgeburt, sie könne keine Kinder mehr bekommen – dann kam ich, ich war also schon deswegen ihr Liebling. Meine Frau, mit der ich ganz großes Glück habe. Die beiden hinreißenden Töchter. Und jetzt diese tollen Enkeltöchter. Dass eine Tochter mit einer Frau lebt und ein Kind mit ihrer Liebsten bekommt und dass die beiden Männer, die die Vaterrolle einnehmen, homosexuell sind: Früher wäre das undenkbar gewesen. Meine Mutter hätte geheult ohne Ende über solches Unglück, während ich über das Glück meiner Tochter strahle. Solche veränderten Rollen habe ich in meiner engsten Familie. Dass Emma, die älteste Enkelin – ein wunderbares Kind – einen afrikanischen Vater hat, also eine Farbige ist: Meine Mutter wäre vermutlich entsetzt gewesen. Für mich ist es der Aufbruch in eine neue Welt. Emma, das ist die Zukunft. Die Ängste meiner Mutter, das ist die Vergangenheit.

Geschwister – Rivalität und Unterstützung

Michael, ein jüngerer Bruder – wir mögen uns bis heute sehr – hat einmal über mich gesagt: „Der kann durch den Regen gehen und wird nicht nass werden." Er hat mich freilich immer etwas anders erlebt als ich mich erlebt habe. Er sah in mir den Starken, und ich fühlte mich gar nicht stark. Wenn man den älteren Bruder bewundert, dann kommt es vielleicht zu solchen positiven Vorurteilen.

Ich fand es wunderbar, dass er immer von mir überzeugt war. Dass ich so einen jüngeren Bruder hatte, der im Zweifel immer an meiner Seite war, das hat mich natürlich auch motiviert, und es ist auch eine wunderbare Erfahrung, dass man nicht so allein ist. Irgendwann einmal hat er angefangen, wie ich zu stottern. Ich dachte nur: „Mein Gott! Jetzt bricht hier eine Seuche aus." Es war seine Sensibilität und seine Solidarität.

Anstrengend fand ich meinen älteren Bruder Harald, der – wie mein Bruder Reinhard – schon tot ist. Er war Professor für Ökometrie. Wir haben immer miteinander konkurriert, wer von uns nun der Gescheitere ist. Aber wir waren auch Brüder, die zusammengehalten haben und sich gegenseitig beschützten, wenn das nötig war. Er war deutscher Studentenmeister im Schach und wollte mit seinen jüngeren Brüdern angeben. Dann sind wir vier also gemeinsam zur Stadtschachmeisterschaft gegangen. Wir drei Kleinen hatten keine Ahnung, und er sagte uns: „Ihr zieht erst, wenn ich bei euch gewesen bin!" Da haben die anderen natürlich protestiert, die rochen die Schummelei, und haben meinen jüngeren Bruder nach sieben Zügen schachmatt gehabt, da war mein Bruder noch nicht einmal da gewesen. Als er uns dann k.o. sah, beschimpfte er uns: „Wieso macht ihr so was?" Wir haben nur gelacht und gesagt: „Komm mal Harald, du gewinnst hier die Meisterschaft, das gönnen wir dir auch, aber wir müssen nicht auch noch gewinnen wollen. Wir können nicht so gut Schach spielen wie du. Und das musst du jetzt aushalten. Und wir sind nicht unglücklich darüber, dass wir deutlich schlechter sind als du."

Wir haben x-mal versucht, mit ihm Bridge zu spielen. Er war versessen darauf, Regeln über Regeln und nochmals Regeln festzulegen. Und wir drei Jüngeren hatten dann wirklich keine Lust mehr, seine Regeln zu akzeptieren und haben ihn dann durch unser Ungeschick zur Weißglut gebracht, bis er irgendwann aufgab und sagte: „Ich mach nie wieder was mit euch, das ist Perlen vor die Säue geworfen." Und wir haben uns halb totgelacht. Das gab es also auch, dass wir als jüngere mit diesem großen klugen Bruder, der immer der Schlaueste, immer der Beste, immer der Primus war und immer alles besser wusste, doch recht burschikos umgegangen sind. Solange das nicht feindselig, sondern in geschwisterlicher Nähe passiert, finde ich das auch in Ordnung.

Anders ist es mit meinen Schwestern: Sie leben beide noch und begleiten mit angehaltenem Atem, was ich mache. Sie sind älter und ganz anders als ich. Die ältere ist sehr konservativ. Mit Traute, der zweiten Schwester, habe ich engeren Kontakt, wir belasten uns nicht mit Ängsten und Vorwürfen, sie ist keine Sozialdemokratin und auch keine Pazifistin. Als Unternehmerin musste sie ihr Leben auf eigene Weise bewältigen – und war dabei erfolgreich. Ich bin für sie der Staatsfunktionär, der sein Geld am

Ende des Monats ganz automatisch bekam. Die älteste Schwester konnte als erste studieren, bei der zweiten ging das nicht mehr: Sie, die die beste Schülerin in ihrer Schule war, besser auch als wir kleinen Jungen, musste gegen ihren Willen nach der zehnten Klasse aufhören, weil mein Vater sie im Geschäft brauchte. Sie musste also Drogistin werden. Mein Vater hat das durchgesetzt. Meine Schwester hatte zumindest die mittlere Reife und eine richtige Lehre. Sie hätte gerne Abitur gemacht, wäre gerne Diplomatin geworden und wurde durch den Vater aus ihren Träumen und ihren Berufswünschen hinausgeworfen.

Vorbilder geben Hoffnung – Mandela, King, Heinemann und andere

Natürlich haben wir uns wie andere auch an den Eltern abgearbeitet. Unsere Eltern sind aus unterschiedlichen Gründen mit ihrer Ausbildung nicht weit gekommen. Meine Mutter war als Kind krank und hat aus Gesundheitsgründen nur die Volksschule besuchen können. Darunter hat sie gelitten. Und mein Vater war in seiner Jugend ein Wandervogel und ist über die Dörfer gezogen. Er fand das wichtiger als die Schule, er ist also einfach ausgerissen. Unsere Großmutter war Lehrerstochter. Mein Urgroßvater hatte sich das Leben genommen, nachdem seine Frau an Schwindsucht gestorben war. Da waren seine Kinder plötzlich Vollwaisen. Meine Großmutter, diese hochintelligente Frau, hatte nach zwei Schuljahren plötzlich keine Eltern mehr. Sie wurde aus der Schule genommen und ihr Vormund ließ sie im Haushalt arbeiten. Natürlich hat sie darunter gelitten. Wir haben immer gesagt: „Du könntest

Oberschulrätin sein!" Es war auch ihr Vorbild, das mir Kraft gab, trotz schulischer Nöte nicht aufzugeben.

Ich habe mir immer Vorbilder gesucht, an denen ich mich in meinen eigenen Schwierigkeiten ausrichten konnte. Vorbilder geben Hoffnung. Sie zeigen: Nichts ist unmöglich, es lohnt sich, nicht aufzugeben und nicht davonzulaufen, wenn es schwierig wird. Ich habe viele solcher Vorbilder. Ganz oben stehen Gandhi, Martin Luther King, Nelson Mandela.

Mit Nelson Mandela, der 18 Jahre für seine Überzeugung im Gefängnis saß, hatte ich beeindruckende persönliche Begegnungen. Ich habe ihn besucht, er hat dann später auch mich besucht. Er war 1988 der erste Preisträger des Internationalen Solidaritätspreises, den der Bremer Senat verleiht. Er konnte ihn nicht selbst entgegennehmen. Damals saß er noch auf der Gefängnisinsel Robben Island, eine halbe Stunde vor Kapstadt im Meer gelegen. Es war der erste international anerkannte Preis, den er bekam. Später bin ich damals einige Male nach Südafrika geflogen. Ich kenne Mandelas Zelle, ich kenne nicht nur seine damalige Frau Winnie, sondern auch seinen Gefängniswärter. Damals habe ich bei einem seiner Freunde übernachtet, der mit ihm acht Jahre im Gefängnis gesessen hatte, aber auch bei anderen, die seine langjährigen Freunde und Kampfgefährten waren. Nelson Mandela hat mich in unseren Begegnungen immer wieder auf eines hingewiesen: wie notwendig die Zusammenarbeit zwischen der Ersten und der Dritten Welt ist. Ich erinnere mich, was er immer wieder sagte: „Ihr in Europa seid unsere Partner. Nur mit euch zusammen kann ich dieses Land mit diesen vielen Menschen und dieser extremen Armut und Arbeitslosigkeit in die Zukunft führen." Sein Land hätte er am liebsten in der EU gesehen, aber das ging natürlich nicht. Irgendwann tourte ich mit ihm durch sein Land, wir haben getanzt und gefeiert. Auf dieser Tour kamen wir auch in das Daimlerwerk in Südafrika, das von Bremen aus gegründet worden war und in dem immer auch 100 Deutsche aus Bremen arbeiten. Daimler ist ja nun nicht der klassische Entwicklungshelfer. Aber Mandela sagte: „Das ist die beste Entwicklungshilfe, die ich kenne. Es gibt neue Häuser, funktionierende Schulen, keine Kriminalität – und wenn die Menschen sehen, dass das wirklich geht, dann kommen sie auch aus ihrer Misere heraus." Mandela hat mich in der Überzeugung bestärkt: Auch eine extreme Situation der Perspektivlosigkeit kann sich ändern – wenn wir zusammenstehen.

Martin Luther King habe ich über seine Freunde kennengelernt, einer von ihnen wurde später Bürgermeister von Atlanta. Sein gewaltsamer Tod hat nicht seine Bewegung ausgelöscht. Barack Obama ist ohne Martin Luther King nicht denkbar. Er löst heute ein, was jener mit der Mobilisierung der Schwarzen begann. Da passierte etwas Neues. Auf einmal waren seine Mitbrüder nicht mehr wie Opferlämmer dem Ku Klux Klan ausgeliefert. Martin Luther King machte aus den schwarzen Opfern Bürger, die lernten, ihre Rechte einzufordern. Und das in einer Zeit, in der der Rassismus Menschen mit dem Tod bedrohte. Die rassistisch motivierten Morde auf der Straße häuften sich, und die Justiz spielte mit der Aufklärung und der Verfolgung keine rühmliche Rolle. Als normaler Pastor einer schwarzen Gemeinde hat Martin Luther King die Menschen motiviert und die

Geschichte geändert. Er wurde selbst Opfer. Ich war an seinem Grab in Memphis und habe mit seinen Weggefährten gesprochen. Kings Beispiel hat mir gezeigt: Einzelne, Menschen wie er, die von sich selber absehen und sich engagieren, machen anderen Mut, weil sie beweisen, dass man den Sog negativer Entwicklung umkehren kann. Es geht nicht nur darum, zu sehen, wie ich als Einzelner über die Runden komme. Wichtig ist auch, auf das Gesamte zu schauen. Dann zeigen sich Auswege aus dem Teufelskreis von Unterdrückung, Ausbeutung und Ungerechtigkeit.

Zu meinen Vorbildern rechne ich auch Politiker, die ich aus der Nähe erlebt habe, wie Gustav Heinemann, Willy Brandt, Wilhelm Kaisen und Hans Koschnick.

Gustav Heinemann kannte ich seit meiner Kindheit. Als die Nazis alles gleichschalteten, war er in Essen Justiziar bei Rheinmetall. Er befürchtete zu Recht, dass das ganze Vermögen des CVJM, des Dachverbands christlicher Jugendarbeit, konfisziert würde. Als schlauer Fuchs hat er dann alle CVJM-Einrichtungen auf Privatpersonen umgeschrieben und durch Grundbucheintragungen gesichert. Als die Nazis das Vermögen einkassieren wollten, war nichts mehr da. Nach dem Krieg wurde alles wieder zurückübertragen. Das ist am Recht ausgerichtete Klugheit. Damit kann man zwar keine Diktatur aus den Angeln heben, aber man kann immerhin etwas retten. Heinemann hat darüber nie geredet. Aber er hat es gemacht – und hinbekommen. Und so auch bewiesen: In dramatischen Bedrohungslagen, wenn es um Leben und Tod geht, kann man doch noch etwas tun. Man kann die Situation unterlaufen.

Von Willy Brandt hatte ich in der Nachkriegszeit in Bremen schon gehört. Er war aus Schweden zurück zu alten Freunden der Sozialistischen Arbeiterpartei nach Bremen gekommen. Ihm ging schon damals ein besonderer Ruf voraus: der junge Emigrant, der in Norwegen und Schweden mit den dortigen sozialdemokratischen Parteien am internationalen Kampf gegen den Faschismus und den Naziterror beteiligt war. Persönlich kennengelernt habe ich ihn dann als Parteivorsitzenden auf Parteitagen und schließlich im Parteivorstand. Ich war fasziniert von seiner Internationalität. Dass ein Deutscher so vertraut mit der Welt war, das war etwas ganz Neues, Faszinierendes. Als er den Friedensnobelpreis erhielt, fühlte ich mich mitgeehrt. So, wie er verehrt wurde für seine Versöhnungspolitik, so wünschte ich mir die neue Rolle unseres Landes in der Welt. Ruth Brandt war eine liebe Freundin unserer Wohngemeinschaft, und Sohn Mathias ist bis heute ein guter Freund, der uns hilft, in Nicaragua Kinder- und Kulturprojekte zu fördern, mit deren Aufbau Dietmar Schönherr begonnen hat.

Auch meinen beiden Bremer Bürgermeister-Vorbildern Wilhelm Kaisen und Hans Koschnick habe ich viel zu verdanken. Wilhelm Kaisen hat vorgelebt, wie die Trost- und Hoffnungslosigkeit der Nachkriegszeit überwunden werden kann. Seine Bescheidenheit, seine Menschlichkeit und sein Pragmatismus sind unvergesslich. An Hans Koschnick habe ich Sensibilität im Umgang mit der Partei, das Verständnis für Andersdenkende und ein unglaubliches Pflichtbewusstsein und Loyalitätsverhalten bewundert, und ich bin froh, dass wir bis heute eine herzliche Nähe leben. Wir sind immer noch regelmäßig im Rathaus. Wir leben auch als Pensionäre unsere aktive Rolle im Stadtstaat und darüber hinaus. Es ist für mich wie zu Hause zu sein, wenn mich bei meinen Vortrags- und Vorlesereisen immer wieder Menschen auf Hans Koschnick ansprechen. Damit verbindet sich das schöne Gefühl, eine Arbeit fortsetzen zu können oder wenigstens so verstanden zu werden, als gäbe es einen roten Faden, der weitergewirkt wird.

Es ist wichtig, sich an Menschen zu erinnern, an denen man sich orientiert hat. Aber auch an andere, nicht so Prominente erinnere ich mich, die etwas Wichtiges getan haben. Ich denke an ganz normale Leute, die mitten in der Nazizeit Juden versteckt haben. Auch diese Menschen sind Vorbilder. Schon nach der Machtübernahme durch die Nazis 1933 hatte ja die Entrechtung der über 500.000 deutschen Juden begonnen. Es blieb aber nicht beim Boykott jüdischer Geschäfte 1933, bei den Nürnberger Gesetzen 1936 oder den Pogromen 1938. Im Krieg kamen die KZs und die Deportationen. Dem gegenüber steht auch das: 40.000 Juden sind allein in Berlin versteckt worden. Es gab Menschen, die ihnen Unterkunft gaben, Lebensmittel verschafften, bei der Flucht halfen oder falsche Papiere besorgten. Verstecke mussten gefunden und oft auch gewechselt werden. Entdeckung und Verrat blieben eine ständige Gefährdung. Es war oft nicht nur politisches Bewusstsein, sondern auch spontanes Mitgefühl, das half, die eigene Angst vor der Gestapo zu überwinden. Um einen Untergetauchten zu verstecken, waren in der Regel bis zu zehn, oft mehr Menschen nötig, die mithalfen. Schätzungen gehen heute von mehr als zehntausend Menschen aus, die verfolgten jüdischen Menschen geholfen haben. Sie sind meine „stillen Helden". In Berlin erinnert eine Gedenkstätte an die Menschen, die sich der Bedrohung entzogen haben und an die, die ihnen dabei geholfen haben. Gerade wenn heute Leute kommen und sagen: Es hat alles sowieso keinen Sinn, lauf doch mit, vergiss dein Engagement – gerade dann verweise ich auf solche Menschen. Vorbilder machen auch Hoffnung. Und die Erinnerung an sie macht Mut. Sie ist, wie die jüdische Tradition sagt, ein Stück der Erlösung.

V

Nachgeholte Säkularisierung

Meine ersten Vorbilder habe ich in der Kirche gefunden. Und trotzdem: Das mit dem Glauben und der Kirche ist eine besondere und nicht ganz einfache Sache. Natürlich hatte ich einen Kinderglauben. Ich bin in ihn hineingeboren worden und habe, wie alle meine Geschwister und meine Freunde, alle Sätze und Regeln gewissenhaft gelernt und brav befolgt. Im Leben der Gemeinde waren wir immer präsent. Mein Vater hat gerne mit uns gesungen. Im Gottesdienst besetzte er mit seinen sechs Kindern eine ganze Bankreihe. Und dann sollten wir so laut wie möglich singen, damit alle Leute hörten: Die Scherfs sind da. Unserem Vater zuliebe haben wir aus voller Kehle die Choräle intoniert, um nicht zu sagen gebrüllt. Damit hatte er allerdings nicht genug. Er hat uns dann immer noch getriezt: Weil er dachte, wir verschlafen die Predigt, mussten wir sie anschließend repetieren. Eine gute Übung fürs spätere Leben. Denn wir haben uns, schon als Kinder, gedankliche Brücken gebaut und schnell herausbekommen: Der Pastor – ein Barthianer – legte die Predigten immer nach der gleichen Grundstruktur an. Die erste Hälfte beschimpfte er uns, und in der zweiten Hälfte fiel die Gnade über uns. Das war die Grobgliederung. Und dann fing er auch immer an, von den Atombomben zu reden. Die Frage war nur: Wann? Und: Was war diesmal der Aufhänger? Wir haben also mit gespitzten Ohren da gesessen und gewartet: Wann kommt die Gnade, wann kommt die Atombombe? So eingestimmt haben wir zugehört – und uns natürlich auch den Schrifttext gemerkt, denn auch der wurde von unserem Vater examiniert. Oft merkten wir, dass der Pastor überhaupt nicht über den Text aus der Bibel gepredigt hatte, weil ein inhaltlicher Bezug zu dem, was ihm wichtig war, beim besten Willen nicht herzustellen war. Jedenfalls schulte dieses gezielte Zuhören beim Gottesdienst zwar nicht unsere Frömmigkeit, aber unsere Konzentration und Aufmerksamkeit. Wir rissen uns zusammen, um unserem Vater nachher berichten zu können, was bei uns von der Predigt hängengeblieben war.

Natürlich haben wir im Chor gesungen, und mein frommer Vater bestand auch darauf, dass ich Orgel spielen lernte, dieses heilige Instrument. Darum bekam ich zunächst Klavierunterricht. Als ich dann allerdings wirklich an die Orgel wollte, verließ mich die Lust, Theologe zu werden. Ich war inzwischen Schulsprecher und ich hatte auf einmal gemerkt: In dieser neuen Rolle erreiche ich ja viel mehr als in den konfessionellen Grenzen der evangelischen Jugendarbeit. Da war ich immer unter Gleichen, hatte immer mit den Pastoren zu tun, die innerkirchliche Rechthabereien forcierten. Jetzt merkte ich, dass es daneben noch eine andere Welt gab. Und dass die meisten, die mir jetzt zuhörten, gar nicht an der Kirche, wohl aber an ganz anderen Themen interessiert waren. Die neue Rolle fand ich viel spannender. Meinem Vater gefiel, dass ich Schulsprecher wurde, aber ihm gefiel überhaupt nicht, dass ich von seinem Traumziel abrückte, mich als Pastor zu sehen. Seine Konsequenz war dann das Verbot: So einer wie du kommt nicht an die Orgel. Dann habe ich gesagt: „Du kannst mich so nicht zwingen."

Heute spiele ich wieder in unserer alten Kirche an der Orgel, an der mein Vater mich nicht haben wollte.

Ich habe in meiner Gemeinde Intensität erfahren, aber auch Enge. Erst langsam und allmählich habe ich dann meinen Horizont geöffnet und erweitert. Einiges von dem Kinderglauben ist hängen geblieben. Bibeltexte etwa haben sich mir als Kind tief ins Gedächtnis gesenkt. Ich war kein großer Griechischschüler, aber Bibelgriechisch konnte ich immer gut übersetzen, weil ich die deutschen Texte auswendig konnte. Auch die Texte des Alten Testaments habe ich im Gedächtnis – und manchmal tue ich so, als ob ich sie direkt aus dem Hebräischen übersetzen könnte.

Das geistige und spirituelle Klima meiner Gemeinde war von der Theologie Karl Barths geprägt, deren stark christozentrischer Offenbarungsimpuls gegenüber Staat und Gesellschaft prinzipiell eher kritisch ist. Das stärkt die Kirche in einer Umgebung, die sich anmaßt, säkularer Heilsbringer zu sein. Es birgt aber auch die Gefahr der Enge. In einem solchen Milieu bin ich großgeworden. Aber dann habe ich über den Rand dieser Gemeinde hinausgeschaut und gefragt: Was machen die anderen? Rudolf Bultmann, den Entmythologisierer, sollten wir nicht lesen. Da war der Bruch zwischen der Moderne und den sprachlichen Bildern bzw. den mythischen Vorstellungen, die das Neue Testament bestimmen, zu offensichtlich. Aber warum sollte dieser Zugang, der die modernen Wissenschaften ernst nehmen wollte, verboten sein?

Im Nachhinein kommt es mir vor, als hätte ich die historische, Jahrhunderte alte Säkularisierung in meiner eigenen Biografie nachvollzogen: Ich war in ein kirchliches Milieu hineingeboren worden, das sich gegen eine feindliche Umgebung, die Nazis, gefestigt hatte. „Wir" und „die anderen", das war das Muster – es konnte nichts stimmen von dem, was „die anderen" sagten. Was von außen kam, war alles gelogen. Eine solche Haltung und ein klares Gegenüber führten zu einer gewissen Festigkeit. Erst ganz langsam, mit meinem Älterwerden, habe ich gelernt, über den Tellerrand zu gucken – und habe mich „verweltlicht".

Das ging aber nicht so weit, dass ich mich aus der Kirche entfernt hätte. Ich habe während meines Studiums sogar theologische Vorlesungen gehört, war im Seminar bei dem Theologen und Bultmannschüler Ernst Fuchs, der Neues Testament und Hermeneutik lehrte, ich war bei Gollwitzer und Ebeling und habe versucht, mitzudiskutieren. Nicht um ein Examen vorzubereiten, sondern um für das Evangelische Studienwerk geistig gewappnet zu sein. Noch jetzt ist das eine große Hilfe – etwa für meine Mitarbeit im „Bremer Lehrhaus", das Menschen unabhängig von Religion und Weltanschauung zusammenführt, um dem Gehalt biblischer Texte nachzuspüren, oder auch für das Zusammenleben mit dem katholischen Priesterfreund in unserer WG, der ein ambitionierter Theologe ist.

Die Arbeit im Evangelischen Studienwerk, die nach dem Examen folgte, war ein Spagat, den ich gerne gemacht habe. Denn da gab es auf der einen Seite sehr kritische Theologen, die sich nicht als Vertreter der Institution Kirche verstanden, und auf der anderen Seite gab es die Berührung mit der Arbeitswelt durch die IG-Metall-Gewerkschafter und den Männerchor. Ich hatte das Gefühl: Ich kann mit beiden Seiten eher klarkommen, wenn ich auch die jeweils andere Seite wahrnehme und mitlebe. Ich ertrug das theologische Debattieren, weil ich Kontakt zur Arbeitswelt hatte und wusste: Da draußen geht es ganz anders zu. Und umgekehrt halfen mir die theologischen Debatten, mich nicht in politischen Detailfragen zu verzetteln.

Warum ich kein Marxist wurde

Andere Glaubensrichtungen traten auf. Die Jungsozialisten spielten damals eine wichtige Rolle im politischen Leben. Auch bei den Jusos gab es damals marxistische Gruppen und Fraktionen. Ich war nicht in Versuchung, mich ihnen anzuschließen. Ich bin in meinem Leben nie Marxist und nie in einer der damals aus dem Boden schießenden K-Gruppen gewesen. Diese kommunistisch Inspirierten suchten dogmatische Gewissheit, eine Ersatzkirche. Das brauchte ich nicht. Ich hatte meine eigenen Erfahrungen, mit denen ich mich quälte und herumschlug. Diese eigene innere Auseinandersetzung mit meinem kirchlichen Dogmatismus hat mich, als ich von Villigst nach Bremen in die Politik zurückkam, davor bewahrt, Marxist zu werden. Mitdiskutiert habe ich damals immer, aber Marx war für mich keine Erlöserfigur. Seine Werke waren für mich schwierig zu lesende sozialkritische Schriften aus dem 19. Jahrhundert, durch vieles überholt, was im 20. Jahrhundert gedacht und geschrieben worden war.

Ich war allerdings auch nie der brave Mann der Kirche, der versucht hat, seinen politischen Milieus – etwa in der Linken – Kirchenpolitik zu erklären. Es war mir zu anstrengend, gegen die neuen Dogmen die alte Gegendogmatik zu setzen oder gar zu missionieren. Ich hatte genug an Dogmatik und an neuen Dogmen keinen Bedarf. Wenn ich später Esoterikern begegnet bin, die nach den Mondzyklen und dem Stand der Sterne kochen, habe ich auch da gesagt: „Ich habe mit meinem Glauben genug zu tun, ich brauche nicht noch einen Aberglauben." Nicht anders ging es mir mit den Marxisten: Ich habe ihre Schriften gelesen und gemerkt, dass da zwischen einer dogmatisch zusammengereimten Konstruktion und der sozialen Realität ein Loch klaffte. Die sprachen über Lohnarbeit und Arbeitskämpfe und kannten selber keinen einzigen Lohnarbeiter.

Sekten gibt es nicht nur in Religion und Politik. Und Dogmatismus finde ich auch, wenn Wissenschaftler, seien sie Soziologen, Theologen, Philosophen oder was immer, Schulen gründen, Zirkel aufmachen, um ihre Lehrstühle kämpfen, ihre Assistenten partout unterbringen wollen und Machtintrigen zelebrieren. Das sind Sektenelemente, auf die ich gerne verzichte, besonders in der Kirche.

Die kirchliche Sozialisation hat mir geholfen, mit Dogmatikern so umzugehen, dass die mich nicht unterkriegen konnten. Ich wollte die alten Dogmatiken auch nicht gegen eine neue eintauschen. Meine Haltung war: Ich kann euch aushalten, weil ich Abstand zu euch habe.

Manchmal erlebe ich heute in Gottesdiensten die Nöte der Prediger und sehe zu, wie sie mit ihrer eigenen Widersprüchlichkeit kaum klarkommen. Wenn man genau hinhört, merkt man: Die sind ja zum Teil voller Zweifel und trauen sich nicht, das zu sagen. Wer zu seinen Zweifeln steht, der ist mir sympathisch, weil ich zu dem auch mit meinen eigenen Zweifeln kommen kann. Diejenigen, die sich bei ihrer Predigt in wohlfeile Sprüche flüchten, kann ich kaum mehr ertragen. Da lese ich dann lieber im Gesangbuch. Ich entrüste mich nicht mehr bei schlechten Predigten und beklage mich auch nicht bei den Predigern. Sie haben es ja auch nicht leicht, wenn sie vor 30 oder 50 Leuten reden, von denen die Hälfte noch dazu schwerhörig ist.

Trotzdem: Ich habe aus der kindlichen und frühen Schulung etwas mitgekriegt, das mich über ganz andere Bereiche hat wegkommen lassen. Ich bin da „gerüstet" worden. Gerüstet – nicht für den Kirchendienst, sondern für den Umgang mit Politstrategen, die einen über Dogmen und Theorien vereinnahmen wollen. Das hat natürlich auch zu tun mit Angstfreiheit. Meine Eltern waren als Christen im Umgang mit dem NS-Umfeld angstfrei und klar.

Wozu es eine Kirche braucht

Über meinen Glauben rede ich nicht öffentlich. Er ist meine ganz persönliche Sache. Glaubenszeugnisse muss ich nicht abliefern. Über Kirche allerdings traue ich mich zu reden.

Wenn ich heute frage: Wozu braucht es eine Kirche?, dann stelle ich mich in meiner Politikerrolle auf die Seite der Gesellschaft und sehe drei Aspekte:

Der erste: Die Kirche soll das Gewissen der Gesellschaft sein. Gewissen meint nicht Gesetzesloyalität, sondern eine zusätzliche Legitimation für verpflichtendes öffentliches Handeln. Öffentliches Handeln bindet sich an Entscheidungen, die sehr sensibel sind und bei denen jeder einzeln für sich gewichtet. Ich wünsche mir von der Kirche, dass sie sich an diesen Entscheidungsnöten ständig beteiligt und dabei nicht nach Opportunität fragt: „Sind wir auf der richtigen Seite, sind wir genehm oder nicht genehm?" Wir haben heute gefährlich viel Opportunismus. Wir brauchen Menschen, die unabhängig von Nutzen, Zwecken und Vorteilsabsichten auch für die eigene Institution nach dem Rechten fragen. Nicht, als ob die Kirche von solchen Nützlichkeitserwägungen immer frei wäre. Im Dritten Reich wollte der Nuntius des Vatikans Eugenio Pacelli das Konkordat durchsetzen und die katholischen Schulen und Klöster schützen – und hat dabei über manches andere hinweggesehen. Solche Nützlichkeitserwägungen sollten nicht im Zentrum stehen. Es braucht in dieser Gesellschaft ganz viele Einzelne – aber eben auch eine Institution, die das Gewissen mobilisiert und ethische Maßstäbe anzeigt, wenn wir auf dem falschen Weg sind.

Der zweite Aspekt: Die Kirche könnte das Gedächtnis unserer Gesellschaft sein. Johann Baptist Metz hat ausgehend von diesem Gedanken eine Theologie der memoria passionis entwickelt: des Lebendig- und Präsenthaltens von Millionen und Milliarden namenlos Leidender, die unter den Toten sind. Dass die nicht aus unserem Gedächtnis verschwinden und dass wir schrittweise lernen, aus deren ungerechtem Tod vielleicht doch die richtigen Schlüsse zu ziehen, ist wichtig: Damit diese unzähligen Menschen – etwas pathetisch gesagt – nicht umsonst gestorben sind. Wenn Kirche dafür Orte schaffen könnte, würde sie eine wichtige gesellschaftliche Aufgabe erfüllen. Das wären nicht Orte einer Demonstration der Macht, wie der Petersdom sie für mich darstellt, sondern Orte, an denen an das Leiden der Menschen erinnert und das Aushalten von Leiden ins Bewusstsein der Menschen geholt und repräsentiert wird. Damit nicht das Gras des Verschweigens und Vergessens über diese Leidensgeschichten wächst. Damit es nicht heißt: Darüber wollen wir nicht mehr reden, nichts mehr hören. Wenn wir vergessen, was war, werden wir es nämlich auch nicht sehen, wenn solche Leidensgeschichten unter uns und neben uns passieren, hier und jetzt.

Der dritte Aspekt, der mir bei Kirche wichtig ist: Diakonie. Unsere säkularisierte Sozialpolitik, übernommen von kirchlicher Sozialpolitik, mit riesigen Budgets – den größten unseres Bruttosozialprodukts – ist in Bürokratie erstarrt. Wir haben einen bürokratischen Sozialstaat. Natürlich brauchen wir Sozialgerichte. Natürlich muss es Urteile geben. Natürlich brauchen wir aktuelle Gesetze. Aber: Wenn ich mir vorstelle, wie das bei Hartz IV war: 2400 Seiten Gesetzestext sollten wir 32 Mitglieder des Vermittlungsausschusses verabschieden. Keiner von uns hatte das alles durchgelesen. Keiner von uns, die wir das am Ende beschlossen haben, kannte den gesamten Text. Man muss ganz bitter sagen: Es war auch völlig unmöglich, das zu durchdringen. Alle Beteiligten waren damals guten Willens und wollten einen tragfähigen Kompromiss finden. Alle wollten den Sozialstaat retten – vor Überforderung und Unterfinanzierung. Das waren also keine bösartigen Politiker, die die Armen ausrauben wollen.

Hier liegt ein Strukturproblem. Das müssen wir lösen, wenn die Menschlichkeit in unserer Gesellschaft nicht vor die Hunde gehen soll. Der Schlüssel dazu sind Menschen. Menschen, die sich nicht bloß auf Gesetze beziehen, die nicht erst als Teil einer Bürokratie aktiv werden und die sich in ihrer Motivation nicht auf Politik und Sozialgerichte stützen, sondern die Nähe schenken, die als Mensch gegenwärtig sind, die Teilnahme als Person leben. Wenn das fehlt, wenn nur noch die Bürokratie regiert, dann ist das die schöne neue Welt – die Aldous Huxley als den Albtraum vom Untergang der Menschlichkeit beschrieben hat. Wenn überall kontrolliert wird, dann sind wir entmenschlicht. Es gibt ja auch schon die Vorstellung, dass man Alte in vollautomatisierte Abläufe steckt, in computergesteuerte Waschanlagen, dass Pflegecomputer entwickelt werden. In Japan haben Forscher vor ein paar Jahren einen künstlichen Humanoiden vorgestellt. Der künstliche Blechmann, der sehen und zwischen acht verschiedenen Gerüchen unterscheiden kann, soll in der Altenpflege eingesetzt werden. Billig. Nie müde, nie genervt. Rund um die Uhr einsetzbar: Eine Horrorvorstellung.

Dagegen anzugehen ist dramatisch wichtig. Wenn das Kirche könnte! Allerdings: Die Kirchen selbst sind die größten Träger der sozialen Einrichtungen, die größten Arbeitgeber der Bundesrepublik. Sie haben doppelt so viel Menschen wie die Bundeswehr auf der Lohnliste – und zwar jede der beiden Institutionen. Die Diakonie beschäftigt 450.000 Menschen, die Caritas in etwa genauso viel. Man kann sich vorstellen, welche Probleme diese Riesenapparate lösen müssen, um nicht pleite zu gehen. Das war nicht das, was wir wollten und was wir in einer menschlichen Gesellschaft brauchen: Was wir wirklich brauchen ist, dass die Menschen beieinander bleiben. Das will ich den Kirchen immer wieder sagen. Ich merke, dass das nicht aussichtslos ist, aber da ist ein dickes Brett zu bohren.

Meine lateinamerikanischen Brüder

Dass Kirchen leer sind, sieht man jeden Sonntag. Aber das ist kein Naturgesetz. Es gibt Pastoren, die es schaffen, die Menschen in die Kirchen zu holen, und die es fertigbringen, sie glaubwürdig, direkt und anspruchsvoll an ihrem Erleben und Erleiden, an ihren Hoffnungen und ihren Zweifeln teilhaben zu lassen. Und wie? Sie zeigen, dass man nicht allein ist. Sie lassen einen nicht mit der eigenen Not allein und sie helfen einem, das eigene unsortierte Grübeln und Denken in eine hilfreiche Perspektive zu bringen. Wir brauchen Menschen, die etwas ausstrahlen. Was meint das? „Licht der Welt" – das meint keinen amtlich-offiziellen Heiligenschein, sondern Leute, die sich anderen gegenüber öffnen und sie einladen, mit ihnen mitzugehen. Das ist schon viel.

Mich haben in dieser Hinsicht vor allem Befreiungstheologen in Lateinamerika beeindruckt. Ich habe von ihnen gelernt, wie wichtig das Teilen mit den Armen ist. Wenn ich in kirchlichem Zusammenhang von „meinen Brüdern" rede, denke ich nicht zuerst an meine Kirchenoberen hierzulande. Ich denke etwa an José Arguello, aus Managua, der in Heidelberg und Tübingen evangelische und katholische Theologie und nach den Examina auch Politikwissenschaften studiert hat, dann Botschaftsrat war und sich mit den nicaraguanischen Befreiungstheologen verkracht hat, die ihm zu nah an der sandinistischen Frente waren. José macht jetzt, auf eigene Faust und zusammen mit Laien, Katechetenarbeit in Bauerngemeinden auf dem Land, in einer Gegend, in der es kaum Priester gibt. Er schreibt selber Texte und malt Bilder und erschließt damit, zusammen mit dem Evangelium, im Rahmen seiner Katechetenarbeit diesen einfachen Menschen einen neuen Zugang zu den Kostbarkeiten des eigenen Landes. Er zeigt ihnen, wie man Obstbäume pflanzt und Gemüse anbaut, damit sie sich selbst ernähren können. Dieser hochintellektuelle Mann hat mit eigenen Händen einen Garten angelegt, für den er die Bäume so ausgesucht hat, dass sie das ganze Jahr über immer irgendwelche reifen Früchte haben.

Bei Menschen, die große Worte im Mund führen und hehre Visionen entwickeln, schaue ich inzwischen genau hin, ob die leben, was sie sagen. Was mir an José gefällt: Er hat nichts Verblasenes. Da gibt es keine ekstatisch visionären Bilder und keine mystischen Spekulationen. Hoffnung kann ganz klein anfangen. Aber sie ist immer konkret, sichtbar. Josés Hoffnung etwa ist sichtbar in dem Garten, den er anlegt. Mit seinen Obstbäumen demonstriert er den Bauern, wie sie überleben können. Aber Hoffnung, wenn sie konkret ist, hat das Zeug zu Größerem. Man kann sie umsetzen, sie kann wachsen und andere motivieren und mitnehmen.

Verlockende Bilder können täuschen und in die Irre führen. Der Kommunismus war eine solche große Vision, und wenn die Kommunisten so gelebt hätten, wie sie es anderen verordnet hatten, wären sie heute nicht von der Bildfläche verschwunden. Ihr Verschwinden geschah völlig zu Recht, denn sie haben sich wie Räuber benommen und sind über Leichen gegangen.

Menschen die nicht tun, was sie sagen, interessieren mich nicht mehr. Weder in der Kirche noch in der Politik.

VI

Meine Erfahrung in der Politik: Die Auflösung von Vorurteilen ist möglich

Es gab viele Schritte in meiner politischen Entwicklung. Vielleicht der größte Schritt war, dass ich eine große Koalition zustande brachte und führte. Ich war als linker Kämpfer bekannt: nicht nur als Landesvorsitzender der SPD und Sprecher der Linken im Parteivorstand. Helmut Schmidt gab mir damals nicht einmal mehr die Hand, so polarisiert war die Partei intern. Dann habe ich – aus einer solchen Ecke heraus – eine große Koalition gemacht, weil das ein Mitgliederentscheid von mir verlangt hatte, gegen meine Überzeugung. Ich wollte Rot/Grün, und die haben gesagt: „Nein, du linker Vogel machst eine große Koalition." Alle haben sich gefragt, wie kann das gut gehen? Und dann ist es unglaublich gut gelaufen. Das ist auch eine Erklärung dafür, dass ich heute ständig durch das Land reise und alle sagen, was ist das für ein Kerl, wo hat der das her? Das hängt alles auch mit der Erfahrung dieser großen Koalition zusammen. Ich bin inzwischen überzeugt: Wenn wir uns schon eine Koalition leisten, brauchen wir keine, die sich ununterbrochen streitet. Ich habe mich richtig um die CDU und deren Klientel bemüht – so, dass die mir diese vermittelnde Absicht auch abgenommen haben und mich bis heute schätzen.

Auf der anderen Seite habe ich dazugelernt. Es kam die Einsicht: Auch beim politischen Gegner gibt es gute Ideen und kluge Köpfe. Und ich habe gemerkt, dass das integere Leute sind, die bereit sind, viel für eine offene Gesellschaft zu tun, für das gemeinsame Ganze, für eine Zivilgesellschaft. In Bremen wurde etwa ein früherer Altkommunist zum Ehrenbürger gemacht, mit Unterstützung des früheren CDU-Landesvorsitzenden, des größten Mäzens der Stadt. Jetzt sind die beide Ehrenbürger, der große Kaufmann und der frühere Kommunist, der Berufsverbot hatte. Da wurden alte Gräben überwunden, da ist etwas passiert, das mir hilft zu sagen: Es geht doch. Die Überwindung eigener Vorurteile ist möglich.

Vorurteile werden dadurch aufgelöst, dass man Erfahrungen macht. Dass man nicht immer nur seine eigenen Texte wiederholt, sondern zuhört. Nur so kann sich gegenseitiges Vertrauen entwickeln. Wer Vertrauen hat, dem schwinden Vorurteile wie Schnee in der Sonne.

Hoffnung – der Grund der Zivilgesellschaft

Ein Theologe hat kürzlich zu mir gesagt „Der liebe Gott ist mir noch nie begegnet. Aber den Teufel sehe ich jeden Tag." Wir leben in einer Welt, in der immer wieder neues Unrecht passiert. Wohin man auch schaut, es gibt so viele Entsetzlichkeiten, dass man darüber verzweifeln kann. Schreiendes Unrecht, Mord und Totschlag, Brutalität und Quälereien ohne Sinn und Verstand, jeden Tag. Dagegen zu kämpfen, sich zu wehren, Hoffnung nicht aufzugeben, das habe ich immer wieder versucht. Hoffnung muss jeden Tag genährt werden, sonst verhungert sie.

Was kann man eigentlich erreichen, wenn man politisch handelt? Das Wichtigste: Ich gebe die Hoffnung auf eine Gesellschaft nicht auf, die schrittweise lernt, ihre Konflikte nicht mit Gewalt, mit Unterdrückung und mit Ausbeutung zu lösen, sondern über Vereinbarungen und über Anerkennung zu klären. Zivilgesellschaft heißt, dass die Einzelnen mit ihren Interessen und Wertvorstellungen aus der Privatsphäre heraustreten und für ihre Anliegen mit kommunikativen Mitteln allgemeine Anerkennung anstreben, dabei also auch die anderen im Blick haben. Wir müssen lernen, dass der jeweils andere jemand ist, den ich zu respektieren habe, der seine Rechte hat und der, eben weil er seine Rechte hat, auch mit mir einen Kontrakt machen kann, der trägt. Diese Vertrags-Loyalität gibt es seit der römischen Zivilgesellschaft. Das römische Recht ist ein historisch wirksames Großdokument unserer Zivilisation. Es besagt im Kern: Beziehungen sind verhandelbar. Diese Idee ist friedensstiftend und heute so aktuell wie je. An der Verwirklichung dieser Idee möchte ich mitarbeiten, so lange ich noch etwas tun kann. Nicht nur im eigenen Land, sondern rund um den Globus. Das ist schwer. Es ist mit vielen Rückschlägen verbunden. Aber die Hoffnung, dass es gelingen wird, will ich auch deshalb nicht aufgeben, weil ich aus einer Haltung der Hoffnung heraus mein eigenes Leben besser leben kann. Ich bin weder ein Zyniker noch jemand, der deprimiert oder resigniert in der Welt herumläuft. Ich lebe davon, dass meine Hoffnung nicht versickert, dass sie nicht verdunstet.

Ohne solche Hoffnung im Zentrum kann eine Zivilgesellschaft nicht überleben. Das ist nicht nur ein philosophischer Spruch, keine Sonntagsrede und keine Gipfelerfahrung. Es gilt auch im Alltag und auch in den Niederungen des politischen Geschäfts.

Wie Kompromisse gehen

Nur weil ich die Hoffnung – und das Vertrauen – nicht aufgegeben habe, habe ich letztlich das Projekt der großen Koalition hingekriegt. Und nur so konnte ich später auch im Vermittlungsausschuss als Vorsitzender die unterschiedlichen Positionen zusammenbringen. Die rot-grüne Bundesregierung kämpfte damals ums Überleben. Die Wellen der Polemik schlugen sehr hoch. Die Konservativen hatten die Mehrheit im Bundesrat. Edmund Stoiber wollte Bundeskanzler werden und hatte aus dieser Option heraus überhaupt keinen Grund, sich mit den Roten und Grünen zu arrangieren. Die Devise war: Macht sie nieder! Nach dem alten Strauß-Spruch aus Sonthofen: Die müssen noch mal so richtig in die Gosse gefahren werden, damit alle kapieren: Die können es nicht. In einer dermaßen aufgeheizten Lage zu Kompromissen zu finden, ist anstrengend. Aber genau das war meine Aufgabe als Vorsitzender im Vermittlungsausschuss.

Der Vermittlungsausschuss ist eine verfassungsrechtliche Instanz. Die eine Hälfte der 32 Mitglieder wird vom Bundestag, die andere Hälfte vom Bundesrat beschickt. Offiziell sind die Mitglieder Weisungen nicht unterworfen. Der Vermittlungsausschuss wird vom Bundestag, Bundesrat oder der Bundesregierung angerufen. Nur diese drei können das, wenn es bei den Abstimmungen ein Patt gab. Der Vermittlungsausschuss versucht dann, nachdem alle Schlachten schon geschlagen und die Presseerklärungen reihum schon herausgegeben sind, oft nächtelang, noch Kompromisse hinzukriegen. Und das hatte ich als Vorsitzender zu bewältigen – bis die SPD mit Schröder die Wahl verlor. Damit bin dann auch ich abgetreten.

Diese Zeit als Vorsitzender des Vermittlungsausschusses war spannend. Von den sehr unterschiedlichen und in der öffentlichen Darstellung polarisierten Interessen einen Weg zur Gemeinsamkeit und zum Kompromiss zu finden, ist nicht einfach: Man muss sich in den anderen hineindenken, muss weg vom eigenen verinnerlichten Freund-Feind-Bild und versuchen, zu *verstehen*: Was will der andere eigentlich, was treibt ihn? Erst wenn man das versteht, wird man sehen, was der andere noch im Äußersten zuzugestehen bereit ist. Mit dem Endergebnis müssen beide gut aussehen. Ein solches Ergebnis erreicht aber nur, wer sich den Kopf über den anderen zerbrochen hat und eine Intuition davon hat, was dem anderen zumutbar ist oder nicht. Wer nur auf Finten angelegt ist, auf Überlisten, auf Übertölpeln, der kommt nicht zum Erfolg. Das ist die ethische Komponente solchen Vermittelns: Man muss dem anderen auch gerecht werden wollen. Ein Kompromiss muss tragen. Das Gegenüber muss akzeptiert werden mit seinen zentralen Wünschen, und es muss mit dem Resultat auch in seiner eigenen Gruppe bestehen können. Alles andere wäre kein Kompromiss, sondern ein Coup. Und das ist nicht nur sträflich, sondern nachhaltig riskant. Der andere wird dann nämlich alles daransetzen, diese Scharte wieder auszuwetzen. Wenn er eine Niederlage erfährt, wird seine Devise sein: Nächstes Mal gibt es Retourkutsche, da wird die Rache süß. Also: Kompromisse kriegt nur hin, wer sich in den Kopf seines Gegenüber hineinversetzt.

Abrücken vom Rechthabenwollen – Die Vernunft des Ganzen

Kompromisse bekommt aber auch nur derjenige hin, der souverän ist. Ich muss selber wissen, was mir wichtig ist, und gleichzeitig im Blick behalten, dass mein Gegenüber eine andere Perspektive hat. Wer das ausbalancieren und immer das Ganze im Blick haben will, der muss abrücken vom Rechthabenwollen. Dazu gehört auch Klugheit. Denn das ist eigentlich das Entscheidende: rational nachvollziehbar mit dem anderen umgehen. Man sollte das nicht überhöhen, so als handele es sich dabei um eine ganz hohe und seltene ethische Kompetenz für ganz schwierige Situationen. Eigentlich müsste das jeder können, der halbwegs seine fünf Sinne beieinander hat, wenn er seine eigenen Konflikte sortiert.

Man wird vielleicht fragen: Wenn das so ist, warum machen oder können das dann so wenige? Meine Antwort: Ich weiß gar nicht, ob das so wenige können. Vielleicht können das mehr, als wir wissen. Wir sehen es nur nicht, weil es so alltäglich und normal ist. Überall werden jeden Tag Millionen Kompromisse geschlossen. Jeder Handwerksmeister überlegt sich doch dreimal, ob er einen vernünftigen Preis macht oder ein schnelles Schnäppchen sucht – und vielleicht nie wieder zu einem Auftrag geholt wird. Eine solche abwägende Überlegung ist nicht spektakulär – und doch eine große und elementare Leistung. Wer dazu in der Lage ist, der bildet auch ohne offizielle Funktion eine tragende Stütze unserer Zivilgesellschaft und unseres Rechtsstaates. Wer die Übervorteilungsstrategie im alltäglichen Zusammenleben zur Norm macht – Motto: „der Clevere gewinnt" –, der ist das Gegenteil davon: ein Problem und eine Belastung für unser Gemeinwesen.

Dämme bauen

Es gibt Kräfte in der Gesellschaft oder im Menschen, die eine destruktive Absicht haben. Wir leben auf einem Globus, in dem Unrecht und Unheil allgegenwärtig scheinen. Das Böse zeigt sein Gesicht überall. Man braucht nur die Zeitung zu lesen oder die Nachrichten zu verfolgen: Es ist ein Meer von Unrecht in der Welt. Die Frage ist, wie man dagegen anarbeitet, ohne überschwemmt und mitgerissen zu werden. Viele verzweifeln daran. Manche werden depressiv. Andere retten sich in den Zynismus.

Daneben gibt es, Gott sei Dank, eine doch erstaunliche Zahl von Menschen, die nicht so sind. Und ich bin überzeugt, ihre Zahl wächst. Menschen, die gegen Verzweiflung ebenso wie gegen Zynismus anarbeiten und sagen: Wir wollen dieses Meer von Unrecht und Unheil eindämmen. „Wer nicht deicht, weicht", sagte man früher. Als die Menschen die Technik des Deichbaus noch nicht kannten, gab es an der Küste ständig Katastrophen. Ganze Landstriche sind damals regelrecht abgesoffen. Die Technik effizienten Deichens haben wir erst allmählich gelernt. Die Holländer waren die ersten, und alle anderen haben schnell verstanden: Wer es nicht tut, der bekommt ein Problem, – also deichen wir. Bei uns wird inzwischen gedeicht, gedeicht, gedeicht, es wird überall entwässert und umsichtige Wasserwirtschaft getrieben. Man kann also durchaus mehr Sicherheit gegenüber Naturgewalten schaffen. Und wenn man es gegenüber dem Wasser schafft, kann man es vielleicht auch gegenüber anderen drohenden Gefahren.

Dass wir zum Beispiel versuchen, eine Weltstrafgerichtsbarkeit gegen Verbrecherregime zu machen – wer hätte sich das vorstellen können? Es ist mühselig, und es gibt auch immer wieder Rückschläge, und es ist noch nicht bei allen angekommen. Aber es gibt eine Offensive der Rechtsstaatlichkeit. Rechtsstaatlichkeit meint: Unrecht nicht einfach auf sich beruhen lassen, sondern den zur Rechenschaft ziehen, der Verbrechen begeht. Das ist ein Voranarbeiten Schritt für Schritt, und so entsteht ein Weg.

„Der Schoß ist fruchtbar noch, aus dem das kroch", heißt es in Brechts Galileo Galilei. Für uns bedeutet das: Das Meer kann immer wiederkommen. Die Gefahr ist nie vorbei. Es gibt keine moralische Evolution in dem Sinn, dass sich alles fortwährend zum Besseren entwickelt. Sich zurückzulehnen und zu sagen ‚Wir haben es geschafft', das gilt nicht. Sondern: wachsam bleiben. Etwas *tun*.

Jeder kann etwas tun

Die Anstrengung lohnt sich. Es gab in den 80er-Jahren die Katastrophenpädagogik, deren pessimistischer Tenor war: „Es hat sowieso keinen Sinn, wir werden alle im Atomkrieg vernichtet werden." Wie kann man nur den Kindern die Hoffnungslosigkeit ihrer Existenz eintrichtern! Da existiert natürlich eine Bedrohung. Dagegen muss ich natürlich angehen – und ich kann es auch. Was damals der Atomkrieg war, ist heute die Klimakatastrophe. Das ist ein dramatisches Thema, und ich will das auch keineswegs verharmlosen. Ich finde es sehr gut, dass daran auf breiter

Linie gearbeitet wird, dass die Ursachen erforscht und zum Thema gemacht werden, und ich finde es auch richtig, dass schon Kinder damit konfrontiert werden. Aber man darf sie nicht in Panik versetzen. Wer in Panik gerät, kann nicht mehr rational handeln. Ich möchte Jugendliche gerade dafür gewinnen, etwas zu *tun*. Ich will ihnen klarmachen, dass es sinnvoll ist, wenn wir uns anstrengen, damit wir das Problem noch unter Kontrolle bringen. Sie verrückt zu machen, hieße, sie hilflos zu machen.

Hysterie setzt die Vernunft außer Kraft. Sie ist eine emotionale Überreaktion, in der tendenziell nicht mehr nachgedacht wird, sondern nur noch Angst regiert und Albträume sich lähmend über realisierbare Pläne legen. Das ist der Boden, auf dem dann die Rattenfänger gedeihen und Erfolg haben. Und es lässt den Ruf nach starken Männern lauter werden, die die Probleme für uns lösen. Demokratie schafft es, Probleme beherrschbar zu halten. Ihr gelingt es, die eigenen Beiträge anzuerkennen und nicht abzuwerten und die wenn auch kleinen Erfolge hochzuschätzen. Immer nur von dem Niedergang zu reden, ist destruktiv. Was nicht konstruktiv ist, demotiviert, das ist keine Hilfe, und das ist das Gegenteil von Pädagogik. Jeder Mensch sollte erfahren, dass er etwas tun kann.

VII

Anpacken und sich einsetzen

Immer öfter ist eine große und pauschale Klage zu hören: Die jungen Menschen engagieren sich alle nicht mehr, sie gehen nicht mehr in Parteien, machen nicht mehr in Gewerkschaften mit, auch aus der Kirche treten sie aus. Ich halte diesem Lamento entgegen: Wer genauer hinsieht, wird erkennen, dass es eine erstaunliche Zahl von projektengagierten jungen Leuten gibt, die Ungewöhnliches leisten, wenn sie davon überzeugt sind, dass die Sache richtig und wichtig ist. Man muss allerdings auch ertragen, dass sie bei solchen eingegrenzten Aktivitäten ganz glücklich sind. Sie setzen viel ein, sind intelligent und witzig und bereit, anzupacken. Es gibt derzeit eine richtige Welle von Leuten, die ein freiwilliges internationales Jahr machen. In unseren Entwicklungsprojekten in Nicaragua haben wir viele junge Leute, die vor oder nach dem Studium sagen: Bevor wir arbeiten, wollen wir euch noch ein Jahr schenken. Und die sind sich für keine Arbeit zu schade, die können die Sprache, die helfen mit und tragen Verantwortung. Und sie zeigen auch den Nicaraguanern, dass man nicht nur etwas ist, wenn man Geld scheffelt. Sich selber zeigen sie, dass sie etwas bewirken können, dass sie eben nicht nutzlos sind, sondern Einfluss nehmen können auf den Lauf der Dinge. Ich spreche nicht nur von einer Handvoll Leuten, sondern von Hunderttausenden. Jugendliche, die eine ganz konkrete Vorstellung davon haben, was ein gelingendes Leben ist.

Ich habe es in meiner Jugend ja nicht anders gemacht. Damals, als ich auf die Quäker traf.

Wie ich unter Quäker kam

Eine besondere Erfahrung von Gemeinschaft habe ich bei den Quäkern gemacht. Diese Nothelfergemeinschaft hatte uns in der Schule angeschrieben und zu Workcamps eingeladen. Der Direktor übergab mir diesen Aufruf, um ihn ans Schwarze Brett zu hängen. Nachdem ich es angepinnt hatte, las ich es durch und dachte: Das ist ja spannend, da meldest du dich selber. Ich kannte niemanden von denen und wusste nichts über sie, außer, dass es irgendwann mal in der Geschichte Quäker gegeben hatte, die aus England in die USA nach Pennsylvania ausgewandert waren. Meine Eltern sagten, als ich ihnen davon erzählte: „Ja, mach das mal!"

Ich bin dann ohne Vorbereitung zu meinem ersten Workcamp nach Niederbreisig, einen Ort südlich von Bonn, gefahren. Unsere Aufgabe: Wir sollten ein baulich marodes Waisenhaus wieder renovieren. Da habe ich zum ersten Mal die Quäker aus der Nähe kennengelernt. Auch die Workcampidee konnte ich hier ausprobieren. Solche Erfahrungen gehen natürlich weiter: Man trifft Leute, die andere Erfahrungen haben, und wenn man mit denen zusammen arbeitet, zusammen isst, zusammen nachdenkt, den ganzen Tag zusammen lebt – da kommt man sich nahe und erfährt viel.

Ich war damals 16 und bin über diese englischen, später amerikanischen Kontakte zum „Service Civil International" gekommen. Mit dieser Organisation war ich später dann auch in Polen. Insgesamt habe ich über 30 Workcamps mitgemacht. Das war für mich die Alternative zum Militärdienst. Ich wollte mich nicht drücken, sondern etwas Sinnvolles tun. Und da bin ich auf Pazifisten gestoßen, die in Bruderhöfen lebten und ganz andere Lebensentwürfe hatten als wir sie von zu Hause her kannten. Das fand ich spannend.

Auch von Gandhi hatte ich früh gehört und schon als Schüler viel über ihn gelesen. Ihn fand ich hinreißend. In Verbindung mit Gandhis Reformen und Visionen sind viele Ideen in meinem eigenen Kopf erst entstanden. Ich lernte in den Workcamps Leute kennen, die mit Gandhi zusammengelebt hatten. Amrit Tilvavala, ein indischer Freund, war darunter. Den hatte Gandhi überredet, in der Nähe von Haiderabad einen Ashram, also ein klosterähnliches Meditatonszentrum zu leiten. Mit ihm bin ich durch Europa getrampt. Ich war 18 und habe ihn, der Mitte 30 war, wie einen großen Bruder geliebt. Er hat mir auch wirklich viel beigebracht, hat mir gezeigt, wie das vegetarische Leben geht. Er wollte mich nach Indien holen. Eigentlich war ich schon entschlossen, für zwei Jahre dahin zu gehen. Dann habe ich aber bei einem Workcamp in Birmingham Inder getroffen, die mir sagten: „Leute ohne Ausbildung, aber mit einem großen Herzen haben wir in Indien zur Genüge. Mach erst eine Ausbildung, wir brauchen Leute, die etwas können." Das hat mich überzeugt.

Diese Workcamps waren Orte ganz praktischer Arbeit. Das Camp in dem Vorort von Birmingham war zum Beispiel ein desolates Communitycenter, völlig verwahrlost. Ich war damals der einzige Deutsche – in einer pechschwarzen Nachbarschaft, wo ich das Cockney der Kinder nicht verstehen konnte, und die konnten mein Englisch nicht verstehen. Wir haben mit 20 Leuten dieses Center von Grund auf renoviert, alles ausgeräumt, die beschädigten Stellen repariert, neu verputzt, neu gestrichen, Fenster und Türen ersetzt, den Fußboden repariert, das Dach hergerichtet. Nach drei intensiven Wochen hatten wir das Gefühl, das Communitycenter wieder auf Vordermann gebracht zu haben.

Die Quäker sind ursprünglich eine eschatologische Erweckungsbewegung, die ihre Wurzeln im 17. Jahrhundert hat. Der Name „Quäker" bedeutet eigentlich: „Zitterer". Zur Herleitung des Namens gibt es verschiedene Lesarten. Eine davon sagt, es sei ursprünglich ein Spottname gewesen, der sich auf ihre ekstatische Frömmigkeit bezog. Eine andere Lesart, die ihr Gründer Fox nennt: Sie erzittern vor dem Wort Gottes. Andere Bezeichnungen, die sie hatten, zeigen schon, was das Besondere an ihnen ist: Friends, Quiet Helpers, Seekers of Truth, Society of Friends. Das alles wusste ich nicht. Aber sie haben mir imponiert. Zunächst auch, weil sie so nüchtern und praktisch ausgerichtet waren, einen starken Zusammenhalt untereinander hatten und einfach halfen, wo Not war. Und auch, weil sie keine theologische Dogmatik hatten. Dieser ganz andere Zugang zur Religion faszinierte mich.

Quäkertreffen finden in ganz normalen Räumen statt. Da sitzen dann vielleicht 20 Leute eine Stunde lang und sagen nichts. Schweigen einfach. Und manchmal fällt einem etwas ein, dann fängt er an, eine Geschichte zu erzählen. Oder er berichtet, dass er ein Buch gelesen hat, zu dem er etwas sagen will – ohne die Absicht einer Theorie oder tiefgründigen Analyse. Daraus entstehen manchmal Gebete. Diese Form gelebter Spiritualität ohne große Worte, diese Art der Frömmigkeit, die darin besteht, durch Schweigen zusammenzukommen, ohne Musik, ohne bunte Farben, ohne liturgische Theatralik, nur im Sitzen in Gemeinschaft, das hat mich fasziniert – nicht nur wegen der meditativen Kargheit, sondern auch wegen ihrer Kraft und Freiheit.

In dieser sehr international ausgerichteten Gemeinschaft fühlte ich mich, obwohl ich ein Deutscher unter Engländern war, aufgenommen wie ein Bruder. Es gab nicht einen Hauch von Vorurteilen. Ich war der jüngste in der Gruppe, die aus lauter klugen Menschen bestand, die ihre Ausbildung schon hinter sich hatten. Und diese Leute nahmen mich nun in die Mitte und sprachen mit mir ernsthaft über die gemeinsame Arbeit. Später haben wir im Lake-Distrikt für Waisenkinder aus dem Industriegebiet von England Ferienhäuser gebaut, in einer wunderbaren Landschaft, direkt am See. Wir haben Fundamente gegossen, Holzteile aufgebaut, das Dach gemacht und eingedeckt. Diese Arbeit war sinnstiftend und vernünftig, und ich fühlte mich aufgehoben: Es ging wieder eine neue Tür für mich auf.

Dieser Idee bin ich zwar zufällig begegnet, aber sie hat mich geprägt – meine jüngeren Brüder haben diese Camps ebenfalls besucht, und die Idee hat auch auf unsere Kinder gewirkt. Sie waren alle auf solchen Workcamps, haben das selber organisiert und dabei wunderbare Freundschaften fürs Leben gewonnen.

Bunte Erfahrungen: freiwillige Dienste

Vor diesem Hintergrund finde ich die Idee eines freiwilligen sozialen Jahrs wunderbar. Ich bin gar nicht einmal sicher, ob die Idee verpflichtend sein muss. Auch der Zivildienst war de facto ja nicht zwingend, man konnte dem ausweichen und es hat viele gegeben, die weder zur Bundeswehr gingen noch Zivildienst geleistet haben. Wer Zivildienst macht, tut dies in der Regel aus Überzeugung. Die innerlich Engagierten tragen diesen Dienst, und sie sind in den Einrichtungen oder Projekten, in denen sie arbeiten, wirklich wichtig.

Ich spüre jetzt schon, dass das freiwillige Soziale Jahr uns wunderbare junge Menschen in unser Nicaraguaprojekt bringt, die, bevor sie im beruflichen Alltag verschwinden, eine zusätzliche bunte Erfahrung machen können. Nicht als Touristen, die ein paar Fotos schießen, schnell weiterziehen und sich dann nach dem Motto austauschen: „Da war der Kaffee aber besser!", oder: „Dort gab es den billigsten Whiskey." Ich freue mich, dass diese Bewegung der ernsthaften jungen Leute ständig wächst. Es gibt für unser Projekt viele Bewerbungen, und wir schauen uns die Leute genau an: Die müssen selbstständig sein, Spanisch können, sie sollen schließlich keinem zur Last fallen, sondern eine Hilfe sein. Es ist etwas ganz anderes, als im behüteten Elternhaus zu „hocken", wenn man internationale Erfahrungen machen und die Welt erleben, sich ausprobieren kann. Entscheidend ist: Irgendwo an einem Platz bleiben, ein Jahr lang vertraut werden mit einer konkreten Situation, die Sprache kennen, sich auf die Bedingungen einlassen, unter denen Menschen da leben. Das ist eine große Hilfe zum Leben.

In meinem Leben gehörte neben der Schule, neben der Ausbildung diese soziale Dimension wesentlich dazu. Arbeit war zudem immer wichtig für uns. Da wir keine wohlhabenden Leute waren, haben meine Brüder und ich als Schüler immer gejobbt. Wir bekamen kein Taschengeld, wir mussten selbst verdienen, was wir an Kleidung hatten, und wir mussten unseren Urlaub selber bezahlen. Wir sind im Hafen arbeiten gegangen. Auch in der Metallindustrie habe ich gearbeitet, als Schüler schon. Weil ich ein guter Schüler war, konnte ich mein Taschengeld später dadurch aufbessern, dass ich Nachhilfe gab. Als Student habe ich das weiter gemacht, um mein Studium zu finanzieren. Ich wollte meinen Eltern nicht auf der Tasche liegen, es waren ja auch noch Geschwister zu Hause: Wieso sollten die mich mit ihrem wenigen Geld finanzieren? Das wollte ich schon selber in die Hand nehmen.

Zum Leben gehört, dass man eine Aufgabe hat

Schwester Anita, die ich in einer Wohngemeinschaft für Demenzkranke traf, ist eine alte Diakonisse. Über neunzig, eine kleine, zarte Person, die lange in Brasilien gewesen war und jetzt so verwirrt ist, dass sie nicht mehr im Mutterhaus bleiben konnte. Sie lebt jetzt in dieser Wohngemeinschaft, trägt ihre Tracht, ihr Häubchen, und immer, wenn sie etwas zu tun hat, ist sie glücklich. Man muss ihr also, wenn man ihr etwas Gutes tun will, eine Aufgabe geben. Sie beteiligt sich an der Vorbereitung des Essens und am Aufdecken. Sie füttert, hilft beim Trinken oder Ausfahren. Und wenn sie das tun kann, dann strahlt sie, und dann hört man manchmal sogar klare Sätze von ihr. Wenn man sie in die Ecke setzen würde, wie es anscheinend im Mutterhaus der Fall war, dann wächst die Verwirrtheit. Die alten Damen dort hatten natürlich selbst viele Probleme. Sie haben keinen Nachwuchs mehr. Diese Diakonissenmutterhäuser sind praktisch geschlossene Anstalten, nicht selten im Zustand der Auflösung. Dort war Schwester Anita unzufrieden und hat die anderen gestört, indem sie ruhelos von einer zur anderen ging. Obwohl das doch eine ganz liebe Frau ist, war ihre Umgebung völlig ratlos. Jetzt hat sie wieder eine neue Aufgabe. Jetzt ist sie sogar manchmal glücklich. Das ist das Entscheidende: Auch wenn intellektuelle Fähigkeiten verloren gehen – die Herzqualitäten bleiben: Freundlichkeit, Liebe, Güte.

Diakonissen sind wie Nonnen in ihrer Regel zu einfachem Lebensstil, Ehelosigkeit und Gehorsam verpflichtet. Sie arbeiten „für ein Taschengeld", nicht um als Institution möglichst viel zu verdienen, sondern weil sie eine Aufgabe sehen, die sie als Dienst tun: in Krankenhäusern, Gemeinden, Pflegeheimen, Kinderhorten, in der Jugendarbeit oder anderen diakonischen Einrichtungen. Sie arbeiten rund um die Uhr und denken nicht an sich, sondern an andere.

Wenn ich solche selbstlosen Menschen finde – und ich entdecke sie fast täglich –, dann denke ich: Denen ist ihr Leben gelungen. Es ist ein gelungenes Leben, wenn ich bis ins hohe Alter so meiner Aufgabe hingegeben bin oder meinem Lebensentwurf treu bleibe, für den ich mich einmal entschieden habe. Menschen, die „dabeigeblieben" und nicht verbittert und nicht starr geworden sind, sondern das erfüllt haben, die bewundere ich.

Was zeichnet sie aus? Solche Menschen sind nicht selbstbezogen, sie leben hingegeben. Sie werden trotzdem nie zu verwechseln sein mit den ausgelaugten Workaholics im rastlos-hektischen Getriebe der Arbeitsmaschine, die im Hamsterrad vor sich hin schuften und für den eigenen Vorteil schaufeln.

Sie wollen die Welt besser machen, an dem Platz, an dem sie gebraucht werden. Solche Menschen erleben tagtäglich, dass andere auf sie warten. Ihr Dienst ist getragen von der Erfahrung, gebraucht zu werden. Und dieses Bewusstsein ist viel mehr wert als das Wissen von dem eigenen prall gefüllten Konto.

Etwas tun – gegen die Resignation

Manchmal höre ich von jüngeren Menschen: „Auf uns wartet ja keiner. Uns braucht eigentlich niemand. Ihr habt doch das alles schon erledigt und gemacht." Sie sagen es meist mit resigniertem Unterton. Natürlich ist es für einen jungen Menschen heute nicht einfach, seine Aufgabe im Leben zu finden. Aber wenn mir jemand so begegnet, dann komme ich dem gleich mit einem Dutzend konkreter Hinweise, wo er sich engagieren und einbringen kann. Und ich sage ihm: Keiner wartet auf dich? Schau dich doch um. Überall warten sie auf dich!

So eine Klage ist in aller Regel eine verklausulierte Bitte: „Kümmere dich um mich. Ich brauche deinen Rat!" Ein solcher Mensch will möglichst praktisch, möglichst handfest, Hinweise haben, damit er dann auch anfangen kann. Es muss nicht beim ersten Mal schon klappen. Aber vielleicht passieren schon beim zweiten oder dritten Mal wunderbare Sachen. Als ich Senator für Soziales und Jugend war, bin ich in Jugendzentren gegangen, die hausbesetzt waren, und habe da übernachtet. Ich habe den Jugendlichen gesagt: „Wunderbar, dass ihr euer Haus besetzt, das ist die intensivste Form der Nutzung!" Wenn sie mir geantwortet haben: „Wir wollen nicht, dass Sie hier übernachten", habe ich gesagt: „Doch, ich will lernen von euch. Ich will wissen, wie ihr das macht." So nah bin ich an die herangekommen. Immer wieder.

Wenn eine Demonstration gegen uns ging, bin ich mitgelaufen, um herauszufinden, was die wirklich umtreibt, und habe gesagt: „Erzählt mir mal, was ihr habt." Ich habe mich da ein bisschen anders verhalten als es die Vorstellung erwarten ließ, die sie von einem Senator in ihrem Kopf hatten. Was ich da gehört habe? Schon damals: „Wir wissen nicht, was wir machen sollen. Um uns kümmert sich keiner." Ich hatte den dicken Block mit den Angeboten der Jugendarbeit dabei und nur gesagt: „Das liegt in jeder Kneipe aus, jeden Monat neu. Da gibt es jeden Tag, vier Wochen lang, für Bremen zwischen zwanzig und dreißig Angebote für dich, die du nutzen kannst. Kostenlos. Da musst du kein Geld bei den Eltern erbetteln, da kannst du einfach hingehen, dich erkundigen und dich umsehen. Tu das mal. Mir etwas vorzuklagen, das reicht nicht, mach doch mal was ganz Praktisches."

Vertrauen gewinnen

Wenn ich ins Bremer Stadion gehe, gehe ich nie in die VIP-Lounge, sondern immer zu den Fans in die Ostkurve. Ich bin dann mitten im sozialen Brennpunkt. Da stehe ich seit 40, 50 Jahren. Da kennen mich alle. Und dann kommen sie und fragen mich: Der eine ist zu Hause rausgeflogen, den anderen hat seine Freundin gerade verlassen, oder ein junges Mädchen ist schwanger geworden. Dass sie mich ansprechen, ist ein Vertrauensbeweis. Die tun das ja nicht, weil sie mich loswerden wollen, sondern die finden gut, dass ich zu ihnen komme. Ich versuche rauszukriegen, wo sie der Schuh drückt. Und in dieser Atmosphäre können sie plötzlich etwas sagen, was sie in der Sozialsprechstunde nicht sagen würden. Die würden gar nicht erst in die Sprechstunde gehen. Dann versuche ich, auf dem aufzubauen, was sie mir sagen. Manchmal nehme ich einen dann in den Arm, gehe vielleicht auch zur Seite, um mit ihm oder ihr zu reden. Manchmal esse ich dann auch eine Pizza mit ihnen, man kann dann weiterreden. Meist warte ich, bis die Halbzeitpause kommt, damit sie nichts verpassen, oder ich rede weiter, wenn das Spiel zu Ende ist. So versuche ich herauszukriegen, ob ich da wirklich einen Ratschlag loswerden kann. Keinen mit erhobenem Zeigefinger, sondern möglichst praktisch.

VIII

Bei sich und beim anderen – Balance

Wenn Menschen, etwa Sozialarbeiter, sich für andere engagiert haben und dabei nicht ausgebrannt sind, dann haben
sie das auch selber als gelungen erfahren. Leider leiden Sozialarbeiter oder Sozialarbeiterinnen oft an Burnout, weil
sie verzweifeln. Vielleicht auch deswegen, weil sie einen zu
hohen Anspruch an sich selbst und an den sichtbaren Erfolg ihrer Arbeit haben. Erfolgreich sein definiert sich aber
gerade im Sozialbereich nicht nur über den sichtbaren Erfolg der eigenen Arbeit. Erfolgreich sein heißt auch, dass
man bei sich selbst sein kann. Auch darum geht es in unserem Leben. Einfach ist das nicht. Gerade in sozialen Beru-
fen leben die Menschen oft in einer Art Doppelfunktion.
Ich übernehme ein Mandat von dem, der mich bezahlt.
Und ich muss ein Mandat übernehmen von dem, für den
ich da bin. Das stößt sich. Dann muss ich die Balance hinkriegen. Das gelingt nicht allen. Wer seine Rolle als öffentlich oder kirchlich Beauftragter so versteht, dass er sich fast
ausschließlich auf die andere Seite stellt, und wer sich da als
gescheitert erlebt, der wird ausbrennen. Das klingt tech-
nokratisch, aber es ist eine Beobachtung aus der Praxis.
Auch umgekehrt gilt das. Es war auch in meiner Politikzeit
so: Wenn ich mich nur auf die Gremien eingelassen hätte,
die mich beauftragt oder legitimiert hatten, hätte ich diese
Arbeit nicht durchgehalten. Ich habe meine Aufgabe nur
dadurch einigermaßen geschafft, ohne mich kaputt zu machen, dass ich immer wieder neue Anläufe dazu unternom-

men habe, so etwas wie ein zweites Bein zu haben, eine andere Seite zu entwickeln. Ich wollte nie nur Staatsfunktionär, nur Parteifunktionär oder nur Kirchenfunktionär sein. Sondern ich wollte immer auch unabhängig davon versuchen, ganz nah bei den Leuten zu sein, als Nachbar, als einer, der Zeit hat, der Geduld hat, der keine Probleme hat mit den Randständigen unserer Gesellschaft oder mit Menschen, die unter miserablen Bedingungen leben. Und das hat mir geholfen.

Auch Lehrer brennen oft aus und sind am Ende ihrer Kräfte, manchmal lange vor dem Ende ihrer Berufslaufbahn. Ich kenne aber auch andere. An einer Gesamtschule in Bremen etwa traf ich kürzlich fünf pensionierte Lehrer. Als ich sie fragte, ob auch sie zu Besuch da seien, sagten sie: „Nein. Wir tun etwas." Und der Schulleiter sagte mir dann: „Mir fehlen Leute, ich beschäftige jetzt ehemalige Kollegen, lauter stramme GEWler, Linke. Früher sagten die, das ist Ausbeutung. Jetzt wollen sie es. Alles Freiwillige."

Die fünf sind ein Segen für die Schule.

Glück – ein lebenslanger Lernprozess

Ich glaube nicht, dass es die besonders starken, seelisch stabilen, von ihrer psychischen Struktur her reich ausgestatteten Leute sind, die leichtlebigen Sunnyboys, deren Leben die Bezeichnung „gelungen" verdient. Wirklich gelungenes Leben – das ist keineswegs den geborenen Siegertypen vorbehalten. Es wird einem nicht in die Wiege gelegt. Es ist das Ergebnis eines lebenslangen Lernprozesses.

Der kann gelingen – dann kommt eine stabile Person heraus. Und er kann scheitern – und oft genug treffen wir dann psychisch kranke Menschen, die auf viele andere angewiesen sind und die man immer wieder vor sich selbst bewahren muss. Wie es gelingt? Das geht nicht über Gene, auch nicht über eine soziale Mitgift, sondern über ein unendlich komplexes, ständig weitergehendes Lernen und die Fähigkeit, sich anzupassen, Enttäuschung zu überwinden. Und selbstverständlich braucht man dazu auch positive Rückmeldungen seiner Mitmenschen, durch die man sich immer wieder aufbauen kann.

Was mich angeht: Eine fröhliche Grundausstattung habe ich vielleicht. Das kann im Leben nie schaden. Aber auch die bekommt man nicht in die Wiege gelegt. Wir sind sechs Geschwister, und alle sehr unterschiedlich. In der gleichen Familie, im identischen Sozialmilieu sind ganz unterschiedliche Menschen herausgekommen. Die Erziehung ist eben nicht bei jedem die gleiche, selbstverständlich auch nicht die anderen Einflüsse von außen. Mein Vater war zweimal verheiratet – die erste Frau ist gestorben –, es gibt die ersten drei und die zweiten drei Kinder, da sind die Gene schon einmal mit Sicherheit verschieden. Schon äußerlich erkennt man das: Die ersten drei Geschwister sind nicht so großgewachsen, wir zweiten drei sind alle so lang wie ich. Und dann haben wir uns sehr unterschiedlich entwickelt in unseren Biografien, und zwar in jeder Hinsicht, politisch, beruflich und in den Beziehungen, in dem, was wir wichtig finden oder nicht wichtig finden, in der Art wie wir integriert oder nicht integriert sind, sogar mit welchen Krankheiten wir es zu tun hatten. Manchmal denke ich: Warum komme ich so gut über die Runden? Der jüngste meiner Brüder und der älteste, beide schon gestorben. Auf meinem Schreibtisch steht ihr Foto und ich denke über sie und mich nach. Dass unser Leben ganz unterschiedlich verlief, auch das war, so glaube ich, Resultat eines lebenslangen und sehr komplexen Lernprozesses.

Du hast Verantwortung für dein eigenes Leben

Ich kenne einen Mann, der sieben Jahre auf der Müllkippe gelebt hat, der da wieder herausgekommen ist und sich ein neues Leben aufgebaut hat. Er hat später einen Betrieb aufgemacht und viele Leute beschäftigt. Heute sagt er anderen: „Es gibt den Ausgang. Ich kenne das." Irgendwann war ihm klar geworden: Hier auf der Müllkippe gehst du selbst ein wie ein Stück Abfall, das da neben dir liegt. Da passiert von allein gar nichts. Du musst zu dem Punkt kommen, wo *du selbst* die Verantwortung für dich übernimmst und entscheidest: Jetzt ist Schluss!

Mein Bruder ist nach allen Regeln der Kunst ausgebildet: Psychiater, Psychoanalytiker und Neurologe. Er hat viele Patienten gehabt. Ich selbst bin höchstens ein handgestrickter Therapeut. Uns beide verbindet aber, dass wir auf Biografien neugierig sind und dass wir Leute nicht bei ihren eigenen Begründungen für ihr Schicksal belassen, sondern daran interessiert sind, wo denn wirklich der Grund dafür ist, dass sie sind, wie sie sind, und wie sie sich darstellen.

Wer sich selber klar machen kann, dass sein Leben auch eine Folge von Entscheidungen ist, der hat es auch unter schwierigen Bedingungen leichter, wieder Grund unter die Füße zu bekommen und aus gewohnten Mustern auszubrechen. Ich bin überzeugt: Es ist die Anstrengung wert, dass man den Menschen auch einen Teil Verantwortlichkeit für ihre eigene Biografie belässt. Dass man sie allerdings dann, wenn es nicht geklappt hat, ernst nimmt. Immer in der Hoffnung, dass vielleicht im zweiten, dritten oder vierten Anlauf eine positive Wende gelingen könnte.

Es gibt Alkoholiker, die jahrelang getrunken haben und die trocken geworden sind und stabilisiert bleiben, weil sie sich verantwortlich gemacht und nicht in das larmoyante Lied eingestimmt haben, das System, die Umstände und überhaupt alle anderen seien schuld, nur sie selber nicht. Die Anonymen Alkoholiker holen den Süchtigen aus der Alkoholabhängigkeit nicht dadurch heraus, dass sie ihn in die Therapieabhängigkeit bringen. Sie zielen auf den Punkt – auch wenn es nicht immer klappt –, an dem die eigenen Entscheidungen einsetzen müssen. Das heißt dann: „Es ist *deine* Entscheidung. Du kannst mich nachts anrufen, wenn du nicht mehr weiter weißt. Dann bin ich da. Aber *du* musst es machen. Ich rufe nicht jede Stunde bei dir an, um zu fragen: ‚Säufst du schon wieder?‘, oder: Wie geht es dir gerade?‘"

Es ist entscheidend, dass jemand die Erfahrung macht: Ich war in großer Not, in ganz großer Not, aber doch nicht hilflos oder absolut ohne Perspektive. Das ist die Basis. Aber die eigene Entscheidung ist wichtig.

Jeder ist verantwortlich für seine eigene Biografie. Und auch wenn das moralisierend klingt: Man kann sich mit der eigenen Biografie versöhnen, auch wenn nicht alles glatt lief. Man kann sagen: Vor zwanzig Jahren habe ich Mist gebaut, aber ich konnte vor zwanzig Jahren nicht das wissen, was ich heute weiß. Ich habe in der Situation damals so gehandelt, wie es mir damals möglich war.

Das kann einen mit der Entscheidung von einst versöhnen. Und man kann wieder nach vorne schauen.

Leben heißt Chance

Ein Prinzip ist für mich wichtig: Verantwortung, Selbstverantwortung und die freie Entscheidung über mein Leben. Wir sind auf die Welt gekommen, um aus dieser begrenzten Zeit etwas zu machen. Nicht, um uns zu bejammern und zu beklagen. Wir sind Teil, zugegeben: ein winziger Teil der Schöpfungsgeschichte. Unsere Zeit ist kurz bemessen. Was bleibt, sind nicht wir, aber vielleicht das, was wir weitergegeben haben. Das sollten wir so gut wie möglich tun, und dabei so bescheiden wie möglich bleiben. Das Leben ist eine Chance, es gut zu machen. Jedes Leben.

Es gibt Menschen, die diese Chance nicht nutzen, die vielleicht auch wirklich keine Möglichkeit dazu haben. Aber es gibt eben auch die anderen, und ich bin vielen von ihnen begegnet: Menschen, die unter extrem schwierigen Bedingungen ihr Leben in die Hand genommen haben. An sie denke ich, wenn ich mich wieder einmal in einer Szene bewege, wo alle auf den ersten Blick genug Grund haben, mir ihre Klagen vorzutragen.

Meine spontane Reaktion ist meist: Oh Gott, ich bin schon wieder die Klagemauer. Ich sage dann: Es mag genügend Gründe für ein Lamento geben. Trotzdem: Weg davon! Es gibt immer Schritte zum Aufarbeiten. Ritualisierte Beichten sind keine Lösung, da kriegt man seine Absolution, alles scheint erledigt, aber das bringt nichts.

Ich bin seit Jahrzehnten mit einer behinderten Frau befreundet, die ich kennenlernte, als sie versuchte, mit mir in meinem Dienstzimmer zu sprechen, dabei aber von meiner Sekretärin hinausgeworfen wurde. Wir saßen dann im Treppenhaus nebeneinander und haben uns ausgetauscht. Sie wollte und will bis heute nicht in ein Heim oder in eine Wohngruppe, und sie wechselt mindestens einmal jährlich ihre Wohnung. Das geht schon 35 Jahre so, und es hält sie mobil, trotz vieler Widerstände in den Behörden, bei den Vermietern, bei den Nachbarn. Ich bewundere sie dafür, dass sie nie aufgegeben hat. Sie hat auch immer wieder Anläufe gemacht, eine Arbeit zu finden. Ihren Platz hat sie dann in einer beschützenden Werkstatt gefunden. Da hat sie Menschen getroffen, die sie achten und mit denen sie auch feiern kann. Und es ist gut so.

Schwache stärken

Mein Bruder, der Therapeut, hat versucht, herauszukriegen: An welchem Punkt kannst du deinen Patienten stärken? Wo kannst du Kranken Mut machen, damit sie sich wieder aufrichten? Kleine Tipps und ganz pragmatische Regeln können da schon helfen.

Das ist auch meine Erfahrung: Manchmal helfen einfach schon andere Menschen, wenn es etwa darum geht, jemand aus der Einsamkeit herauszuholen. In meiner Zeit als Bürgermeister kamen oft alte Leute mit paranoiden Vorstellungen zu mir: Wir werden verfolgt, da bohrt der Geheimdienst die Wände an und lässt Gift rein – oder ähnliches. Da nützt es wenig, rational zu argumentieren: Was soll der Geheimdienst von Ihnen denn wollen? Sie haben doch gar nichts zu verraten. Da habe ich mir angewöhnt, nicht lange zu reden, um sie davon abzubringen. Sondern ich sage: „Liebe Frau Maier, wissen Sie was? Wir gehen jetzt mal zusammen in die Nachbarschaft, ich kenne da Leute, mit denen setzen wir uns zusammen und essen ein Stück Kuchen, und dann reden wir. Ich bleibe so lange da, wie Sie wollen.

Ich lasse Sie nicht allein." Dann glauben die es erst gar nicht, dass man so viel Zeit hat. Und in dem Augenblick, wo man losgeht, hören die Klagen auf. Sie sind damit beschäftigt, herauszubekommen: Wer kommt, wer ist da? Man muss das Geschick haben, sich auch an den richtigen Tisch zu setzen, zu Leuten, die mit so einer jammernden Frau auch umgehen können. Dann spricht man über das Essen, über das Trinken, über Kaffee und über Tee. Und vielleicht spricht man auch über das Bier und über alles Mögliche. Jedenfalls ist meine Erfahrung, dass ich paranoiden alten Leuten eigentlich nur helfen kann, wenn ich sie unter Menschen bringe und wenn ich ihnen was zu tun gebe. Natürlich bekommen sie keine Medikamente von mir. Natürlich schicke ich nicht die Kripo, nach der sie verlangen. Die Kripo hat anderes zu tun, als Paranoide zu therapieren. Es geht darum, sie unter Leute zu bringen, und sie dann ganz vorsichtig, ganz bescheiden aus der Einsamkeit herauszuholen. Der Mensch ist das Heilmittel des Menschen.

Während meiner Zeit als Bildungssenator habe ich miterlebt, wie die türkische Putzfrau, die meine Diensträume säuberte, Witwe wurde. Wir haben uns trotz unserer Sprachschwierigkeiten gut vertragen. Da sie über ihre Einsamkeit klagte, bin ich mit ihr in eine Altentagesstätte gegangen. Ihr war zunächst alles fremd – sie war dort die einzige Migrantin. Aber dann haben wir uns mit einer Reihe von älteren Frauen vertraut gemacht, die alle mich kannten und sich wunderten, dass ich eine ältere türkische „Kopftuchfrau" mitgebracht hatte. Inzwischen ist sie im Vorstand dieser Tagesstätte, sie hat andere türkische Frauen mitgebracht. Es ist für alle eine neue, aufregende Erfahrung: Für das Viertel ist dies zum positiven Integrationsmodell geworden.

Nicht zu vergessen: Wer anderen zu mehr Leben verhilft, wird selber lebendiger werden. Für mich ist das übrigens auch Kern einer ganz praktischen Spiritualität.

IX

Christentum mit leichtem Gepäck

Ich habe einmal eine Osternacht in einem ostdeutschen Ort (in dem Uwe Johnson sein Jerichow verortet) erlebt. Da waren wir sechs Leute, die um den Altar herum standen. Der Pastor hat uns in die Liturgie mit einbezogen, wir – meine Schwiegertochter und ich waren die Überraschungsgäste – durften auch Lesungen vortragen. Das war ganz anders, als ich es gewohnt war, aber es hat mich tief beeindruckt.

Christen müssen keine Majorität haben. Aber sie sollten so leben, dass sie Salz der Erde sind. Dazu genügt es nicht, auf das Etikett zu schreiben: „Salz". Es muss schon nach Salz schmecken. Es muss für andere erfahrbar sein. Und zwar so, dass sie auf diesen Geschmack, diese Würze nicht mehr verzichten wollen. Das gelingt nicht durch PR-Pläne. Nur durch gelebtes Leben. Das heißt: zu den Leuten gehen, dorthin, wo sie leben. Nicht warten, bis jemand in den Gottesdienst kommt.

Es werden Zeiten auf die Christen zukommen, die sie nicht gewohnt sind. Unvorbereitet sind sie nicht.

Wir haben einen Freund, der zu DDR-Zeiten als Pastor versuchte, eine Gemeinde im Regierungsviertel aufzubauen, zwischen Leipzigerstraße und Wilhelmstraße, wo die Funktionäre wohnten. Er ging von Tür zu Tür und hat sich als ihr Pastor vorgestellt, in dieser Gegend, wo die Stasi alles im Blick hatte. Die Regel war schroffe Zurückweisung. Aber immer mal wieder fand er Leute, die ihm sagten: „Ich würde mich gerne mit Ihnen treffen, zu Hause. Ich bin in der SED, aber total unglücklich." Wenn er sich auf den Platz gestellt und die Leute lauthals eingeladen hätte – wäre keiner gekommen, aus Angst. Das war zwar eine Extremsituation. Aber es gilt auch heute noch und immer mehr: Man muss den Leuten nachgehen.

Christen müssen mit der Minderheitensituation zurecht kommen. Wie, das sagt ihnen doch schon der Blick auf den eigenen Ursprung. Wer hat denn das Neue Testament bestimmt? Wenn man die Paulusbriefe liest, merkt man: Die Mitglieder der christlichen Urgemeinden waren marginalisierte, zum Teil verfolgte Außenseiter. Und sie haben sich doch gefunden und zusammengehalten. Erst unter Kaiser Konstantin, der das Christentum zur Staatsreligion gemacht hat, änderte sich das grundlegend. Wir sind heute im Übergang. Es gibt zwar noch Parteien, die sich christlich nennen, aber der Bezug auf den Glauben ist weiß Gott nicht das einzige, was sie zusammenhält. Bei der Frage nach der Minderheitensituation denke ich auch immer an das jüdische Beispiel. Die Juden haben sich in ihrer Geschichte immer dann gefunden, wenn es ihnen am schlechtesten ging, wenn sie unter entsetzlichen äußeren Umständen lebten, in der babylonischen Gefangenschaft zum Beispiel, als sie wie Sklaven gehalten wurden. In Zeiten der Regierungsmacht haben sie sich abgegrenzt und zu kriegerischer Gewalt gegriffen. Die wirklich beeindruckenden Propheten, die auch die Religionsentwicklung Israels prägen, melden sich aus der Unterdrückung heraus. Amos ist einer von diesen großen, die den Kern jüdischen Glaubens bestimmen: „Euer Festtreiben hasse ich und verschmähe ich, eure Spenden schätze ich nicht …"

Was also steht nun unseren Kirchen ins Haus? Dass sie gesellschaftlich und politisch nicht mehr die selbstverständliche „erste Adresse" sind, zeigt: Wir sind unterwegs zu den Anfängen. Vielleicht können Christen heute wieder die Kraft mobilisieren, die die frühe Kirche hatte. In der Minderheitensituation kann ich mich sehr viel überzeugender mit meinen Brüdern und Schwestern zusammentun, als wenn alles organisiert ist und mir alles abgenommen wird und ich rundum versorgt werde. Unter Druck fällt vieles Oberflächliche, Außengeleitete weg, da fallen auch alle partikularen Interessen ab. Da wird klar: Worauf kann ich mich wirklich verlassen? Was hält mich? Was trägt tatsächlich?

Wir leben in einer durch die Geschichte christlich geprägten Umwelt. Die geerbte Glaubenstradition ist ein kostbarer Schatz, der in unsere Sprache, unsere Kultur, unsere Wertvorstellungen, auch in unsere Gesetze eingegangen ist. Den sollten wir nicht wegwerfen oder gegen doch sehr fremde und ferne Traditionen auswechseln. Ich habe nichts gegen den Buddhismus – aber ich bin gegen Idealisierungen aus der Ferne. Aus der einen Religion in die andere zu flüchten und weder die eine noch die andere wirklich zu kennen, ist nicht gut. Da finde ich die Auseinandersetzung mit der eigenen Tradition lohnender.

Ich selbst bin nicht so bibelfest wie Johannes Rau. Aber ich habe immer wieder Lust, mir die großen Texte anzueignen, sowohl aus dem Alten wie auch aus dem Neuen Testament. Ich entdecke da sprachliche Wunderwerke. Bei den neutestamentlichen Texten habe ich mit den Paulusbriefen angefangen. Es ist ja nur ein kleiner Teil der Briefe erhalten, die dieser große Theologe und fleißige Schreiber verfasst hat. Diese zeitlich nah an den Geschehnissen um Jesus geschriebenen Texte sind für mich der Einstieg ins

Neue Testament. Mit diesen Augen lese ich die Evangelien als Erinnerung an die Jesusgeschichte. Was bleibt von dieser Geschichte haften? Was ist wichtig? Was hat Wirkungskraft, wie verändert sich das im Verlauf der Zeit? Das sind für mich die spannenden Fragen. Natürlich faszinieren mich die großen Predigten und die Wundergeschichten, Jesu Nähe zu den einfachen Menschen, zu denen, die mühselig und beladen ihren Weg finden mussten, den Kranken und den Armen, seine Fähigkeit, diese Menschen in ihrer Not und ihren Ängsten zu erreichen. Mühe habe ich eher mit dem Johannesevangelium, weil dieser Evangelist sich von der Überlieferungstradition der weitererzählten Jesusgeschichten abwendet und eine ganz eigene Theologie entwirft. Aber ich bin einmal in Ephesus gewesen und stand da auf dem Marktplatz dieser vormals vibrierenden griechischen Großstadt und habe mir vorgestellt, wie Johannes da gepredigt hat, um seine Gemeinde zu sammeln und genau das Gegenteil dessen zu tun, was die intellektuelle und spirituelle Tradition dieser damaligen Welt war. Eine beeindruckende Vorstellung.

An dogmatischen Spitzfindigkeiten bin ich nicht interessiert und schaffe es auch kaum, ein theologisches Buch zu lesen. Das ist mir zu nahe an Textauslegungstechniken der Juristerei. Natürlich sind solche Techniken für das Zusammenleben der Menschen wichtig. Und natürlich schätze ich die römisch-juristische Rechtstradition. Dass sich allerdings Theologen jahrhundertelang wie Juristen benommen haben – nicht anders als die jüdischen Rabbiner übrigens – und das Leben der Gläubigen mit einem Wall von Vorschriften und Regeln umgrenzt haben, um die Kontrolle über die Seelen der Gläubigen zu haben, das regt mich auf. Übrigens regt mich das auch bei den Juristen auf. Ich bin deswegen auch für eine stärkere Einbeziehung von Mediationsverfahren, mit denen man Konflikte einvernehmlich zwischen den Parteien regeln kann. Man muss schließlich nicht jeden Streit bis zum Bundesgerichtshof oder zum Bundesverfassungsgericht durchfechten. Man sollte aus Juristen Mediatoren machen und Theologen davor bewahren, dass sie Pseudojuristen werden. Theologen sollten in den Gemeinden nah bei den Menschen sein. Sie sollten, psychologisch geschult, auf die seelischen Nöte der Menschen eingehen und deren Fragen nach Sinn in ihrem Leben zu ihren eigenen Fragen machen. Nur so werden sie mit ihren Predigten die Menschen erreichen.

Nur wer sucht, entwickelt sich weiter

Am Tag, nachdem der Tsunami in Japan den Reaktor von Fukushima erschüttert hatte, war ich in einem katholischen Gottesdienst. Man spürte förmlich, wie die drohende Atomkatastrophe die Menschen aufgewühlt hatte. Der Priester brachte es fertig, dazu nichts zu sagen. Die Menschen waren mit großer Angst gekommen, keiner wusste, wie es weitergehen wird, und er verlas den Hirtenbrief seines Bischofs.

Ich wünsche mir von den Theologen, dass sie solche Gelegenheiten nicht verpassen. Ein ritualisiertes Erinnerungstreffen allein kann es doch nicht sein. Zu solchen Gelegenheiten muss man doch zeigen, was Glauben von seinem Ursprung her bedeutet.

Auch Priester konkurrieren heute mit Events der verschiedenen Sorte, mit dem Fernsehen. Wenn sie mithalten wollen, müssen sie zeigen, dass ihre Sache wichtig und spannend ist und die Menschen etwas angeht. Mit Traditionalisten, denen der vollzogene Ritus allein schon genügt, werden die Kirchen die Zukunft nicht gewinnen. Es geht darum, die traditionellen Zugänge da mit neuem Leben zu füllen, wo sie die Menschen berühren. Ohne lebendige, gegenwartsorientierte, menschenbezogene Verkündigung und ohne eine Auslegung der großen Texte in der eigenen Tradition wird das nicht gelingen. Die Texte sind stark. Schwach sind die Ausleger, die sich nicht die Mühe der Auseinandersetzung mit ihnen machen, die vielleicht sogar schon resigniert haben und ihr rituelles Minimalprogramm absolvieren.

Glaube braucht Nähe, er ist nur über Menschen erfahrbar. Wenn wir miteinander unsere Hoffnungen, unsere Ängste artikulieren, finden wir auch neue Zugänge zu den biblischen Texten, dann können wir in dieser Tradition der Hoffnung eine Resonanz erfahren, die uns stärkt. Vielleicht gibt es Menschen, die das auch allein können. Mein Lebensmodell ist das nicht. Ich bin einer, der mit anderen Menschen zusammen und in ihrer Nähe sich auf die Suche begibt, mit seinen Fragen, seinen Ängsten und Unsicherheiten: Die christliche Botschaft ist ein Schlüssel für mich auf dieser Suche. Und nur wenn ich suche, kann ich mich weiterentwickeln.

Wenn im Christentum die Vorstellung Gottes mit dem Begriff der Liebe verbunden ist, dann ist auch klar: Diese Liebe Gottes ist nur über den Nächsten erfahrbar. In der Gott-ist-tot-Theologie von Dorothee Sölle ist es immer der andere, dem ich mich zuwende, und über den ich anknüpfen kann an die große Glaubenstradition, um von ihr her Hoffnung, Ermutigung und Orientierung zu gewinnen. Diese Vorstellung ist mir nah. Sie tut meiner Seele gut.

Es ist heute gar nicht selbstverständlich, überhaupt von Seele zu reden. Die naturwissenschaftliche Medizin pflegt einen sehr robusten Umgang mit dem Menschen. Es ist gar nicht so einfach, jemandem klar zu machen, dass es sich bei der Rede von der Seele nicht um spirituellen Nebel handelt, sondern dass sie den Kern meint: Das bist du, du mit deinen Hoffnungen, deinen Sehnsüchten. Geh damit behutsam um, lass dieses Zentrum in dir nicht verkommen, tu was dafür. Müll dich nicht zu mit den technoiden Reizen oder dem Lärm, der dich überall umgibt. Wenn Theologen es schaffen, dem Menschen zu sagen, dass er auf seine Seele achten soll, dass er vielleicht sogar auf die Stille hört, um nicht an seiner Seele Schaden zu leiden, dann ist das viel. Warum Musiker das manchmal leichter fertigbringen als Theologen – das ist immerhin eine Frage wert.

Ich merke das übrigens auch bei den Demenzkranken, die von Texten nicht mehr erreicht werden: Plötzlich strahlen sie dich an, wenn Musik ihre Seele berührt. Wenn ich begeistert vom Chorsingen rede, dann sage ich immer: Ihr tut etwas für euren Leib, im Hinstellen, im Atmen, ihr tut etwas für euren Kopf über die Texte, im Hören auch auf die Musiksprache, die ihr singt, und ihr tut etwas für eure Seele und stärkt euch für den Alltag. Gerade im Alter, aber nicht nur.

Beteiligt werden: Spirituelle Kräfte für die Seele

Musik hat eine spirituelle Kraft und Ausstrahlung. Sie ist eine Hilfe, deswegen hat Angel, der Priester aus Managua, auch gesagt: „Ich brauche die Musik, weil ich die Menschen nicht über Theologie und über den Kopf, sondern über die Seele erreiche." Es gibt auch hierzulande eine alte Rivalität zwischen den Theologen und Pfarrern auf der einen Seite und den Kirchenmusikern auf der anderen. Warum sind die Kirchen voll, wenn Musik gespielt wird? Muss die Musik in den Dienst der Verkündigung genommen werden, oder ist sie für sich schon ein spiritueller Wert? Musik, gerade Kirchenmusik, hat bis heute eine hohe Attraktivität. Da kommen viele, die nicht mehr in den Gottesdienst gehen. Das ist keine museale Annäherung an etwas, das ansonsten nicht mehr verstanden wird. Das ist etwas anderes: Menschen fühlen sich da emotional mitgenommen. Das gelingt den Predigern nicht immer. Und oft genug predigen sie die Leute aus der Kirche hinaus. Bei der Kirchenmusik gibt es offensichtlich auch für Leute Zugänge, die mit den gepredigten Texten nichts mehr verbinden. Wie werden sie erreicht? Und: Wohin werden sie mitgenommen? Oft genug wohl zu sich selbst. Brahms zum Beispiel war überhaupt nicht fromm, er hat die Bibel nach „unfrommen" heidnischen Texten abgesucht, um sie zu vertonen. Und diese großen Texte aus den Psalmen oder aus dem Buch Kohelet erreichen Menschen immer noch. Ob ausdrücklich formuliert oder nicht: Die Frage ist für die Menschen, wenn sie in die Kirche gehen: Wo komme ich da vor, was geht mich das an? Und offensichtlich fühlen sie sich von der Musik öfter verstanden, fühlen sich in ihr zu Hause, nicht allein gelassen. Wenn es ihnen nicht gut täte, würden sie auch keinen Eintritt bezahlen. Ob es nur schön ist oder ob sie eine Wahrheit über sich erfahren? Beides schließt sich nicht aus. Musik spricht die Menschen an und beteiligt sie dadurch innerlich.

Menschen suchen emotionale Orientierung. Zu sich kommen, das heißt: nicht nur in der Ecke sitzen und angepredigt werden und alles an sich unbeteiligt vorbeiziehen lassen. Menschen wollen sich mitnehmen lassen, indem sie beteiligt werden. Warum sind an Weihnachten alle Kirchen so voll? Nicht weil die Leute saisonal mal eben fromm werden, sondern weil sie merken, dass die Konsum- und Geschenke-Orgie allein es nicht sein kann und weil sie dieses Fest mit Kirche verbinden oder durch das Krippenspiel an ihre Jugend erinnert werden oder durch die Lieder oder die Melodien des Weihnachtsoratoriums von Bach angesprochen sind – das ist für sie schöner, als wenn sie nur zu Hause ihren Truthahn oder ihren Karpfen essen und sich in schönen Kleidern mit Sekt zuprosten.

X

Träume und Albträume

Auf Schulhöfen ist heute das schlimmste Schimpfwort: „Du Opfer!" oder „Du Behinderter!" Offensichtlich möchte keiner von diesen Jugendlichen auf der Seite der „Loser", der Verlierer sein oder sich mit Schwachen identifizieren. Aggressionen prasseln auf Pausenhöfen gerade auf die Wehrlosen nieder. Ausgrenzung durch Mobbing, verstärkt durch das Internet: Schon Kinder versuchen sich auf Kosten anderer zu profilieren.

Bei manchen Jungen – und keineswegs nur bei Türken – beobachte ich, wie die Kleinen schon die großen Machos spielen. Den Haarkamm steil nach oben geföhnt, ein breites Kreuz, antrainiert beim Bodybuilding. Aber eben doch: abgeklatscht und nachgemacht. Der Größte, der Stärkste, Bedrohlichste sein – das sind Träume von Jugendlichen, die sich, wenn man sie näher kennt, nicht selten unterlegen vorkommen und schwach fühlen: demonstrierte Stärke als Hülle der Hilflosigkeit. Aber das ist ihnen doch irgendwann vermittelt worden. Über die Mütter? Über die großen Brüder? Die Väter? Oder sind es über das Fernsehen konservierte Klischees? Wer hat die Kinder bloß dahin gebracht?

Von klein auf wird den Menschen heute allenthalben vermittelt: Hab Erfolg, sei aggressiv, setz dich durch, schau auf deine Karriere, schnapp dir den besten Job, den du kriegen kannst!

Wenn Kinder in der Grundschulklasse gefragt werden, was sie einmal werden wollen und dann sagen: „reich", dann ist das sicher ein Reflex der Reklame. Aber eben, das muss man festhalten, auch Folge einer gewaltigen Irreleitung durch ein sehr verbreitetes und allgemein gefördertes gesellschaftliches Klima.

Ich halte, wo ich kann, gegen solche Klischees. Denn ich kenne Reiche, die mit ihrem Reichtum im Gefängnis sitzen. Sie bewachen ihr Geld und ihre Möbel und ihre Teppiche und ihre Bilder – und sind dabei doch einsam und schaffen es einfach nicht mehr, Menschen an sich herankommen zu lassen. Vom Ritual der täglichen Meditation seines Bankkontos oder seines Aktienportfolios kann keiner glücklich werden. Zum Glück braucht es anderes: menschliche Zuneigung, Vertrauen, Wärme.

Nach dem Crash an der Wallstreet gingen schreckliche Bilder um die Welt: Börsenjobber, die sich aus dem Fenster stürzten. Mir gehen diese Bilder nicht aus dem Kopf. Diese Menschen saßen auf unvorstellbaren Summen von Geld und auf smarten Klischees davon, wie zu leben wäre: reich und chic. Es waren falsche Träume. Plötzlich krachte alles zusammen. Und sie waren ohne Netz.

Und bei heranwachsenden Mädchen? Eine Untersuchung aus England besagte, dass bis zu 60 Prozent der Mädchen gerade im pubertierenden Alter davon träumen, Models zu werden. Am besten Supermodels. Schlank. Schön. Fernsehtauglich. Und auch solche Klischees sind keineswegs nur ein Schichtproblem. Ich sehe, wie viele Kinder sich stylen und frage mich dann immer: Wer hat die denn in diese

Rolle gedrängt? Hoffentlich werden sie das einmal als Inszenierung durchschauen, die man ihnen oktroyiert hat. Vor einigen Jahren sah man die blanken Bäuche, die die Nieren verkühlen. Oder die hohen Stiefel, die ihre Träger kaum richtig gehen lassen: alles Dinge, die man niemandem wünscht, den man gern hat. Aber vielleicht ist Mode immer schon etwas Irrationales gewesen.

Gelegentlich spreche ich an Schulen auch über das Thema Aggression. Meine Frau sagt mir dann meistens: „Du erlebst da doch eine Sonntagsveranstaltung. Du weißt nicht, wie trostlos der Alltag von jungen Leuten aussieht." Vermutlich hat sie recht. Darum halte ich mich auch mit pauschalen Urteilen zurück. Als Moralapostel aufzutreten, liegt mir sowieso nicht, und gerade bei Jugendlichen muss man genau hinhören, was sie eigentlich selbst bewegt, bevor man mit Ratschlägen herausrückt. Aber es ist bekannt: Wenn sie keinen Ausweg mehr wissen, bringen sich Kinder manchmal auch um. Sie wenden die Aggression gegen sich selber. Es ist ein Tabu-Thema, aber eine Tatsache. Manche haben panische Angst, nicht nur vor Ausgrenzung und Gewalt, sondern auch vor Überforderung, davor, dass sie mehr gelten sollen oder müssen als sie wirklich sein können. Auch Liebesentzug, die Vorstellung, dass der- oder diejenige, auf den sie ihr Leben setzen, nichts von ihnen will, wird dann auf einmal zum großen Schrecken. Nicht zu wissen, ob man gewollt oder gemocht ist, kann vor Abgründe führen. Junge Menschen bringen sich um, weil sie das Gefühl haben: Mich versteht keiner. Statistiken über Schülersuizide gibt es kaum, aber alle Fachleute, die ich befragt habe, sagen: Die Zahl steigt.

Solche Suizide sind ein deutliches Indiz für seelisches Unglück. Die Kinder, die heute unterdrückt und gemobbt werden, brauchen Hilfe. Ich versuche ihnen zu sagen: „Man kann das überstehen. Keiner muss aufgeben. Nichts ist ‚gelaufen‘".

Voodoolehrer, Stottern und Schultrauma

Meine Schulzeit war nicht leicht. Und das nicht nur, weil das Lernen von Sprachen bei mir nicht klappte. Ich stotterte. In der Grundschule war mein Stottern verdeckt, meinen Grundschullehrer habe ich geliebt, und er hat mich geschützt. Mit einigen Lehrern auf dem Gymnasium, die mich richtiggehend unterdrückten, hatte ich dagegen große Schwierigkeiten. Ich wurde schlecht in der Schule. In der Grundschule hatte ich eine Klasse übersprungen, auf dem Gymnasium wurde ich zum Sitzenbleiber. In den alten Sprachen hat mich der Lehrer, der ein Zyniker war, gequält und kaputtgemacht. Als er merkte, dass ich stottere, hat er mich regelmäßig nach vorne geholt und vor die Klasse gestellt, Vokabeln abgefragt und Texte vorlesen lassen. Er zwang mich zu reden, wenn er merkte, dass ich nichts rausbrachte. Ich konnte das nicht. Die Klassenkameraden haben mich zwar nicht ausgelacht. Aber ich merkte, wie peinlich es den meisten war. Es waren die Lehrer, die mich ausgelacht haben – nicht alle Lehrer natürlich, aber die entscheidenden. Ich war immer kurz davor, wegzulaufen und nie mehr wieder in diese Schule zu gehen. Der Deutschlehrer war ein alter Militarist, ein Voodoo-Pädagoge, der seine furchtbaren Kriegsgeschichten als Literatur verkaufte. Ich fühlte mich total ausgegrenzt, bin dann oft von der Schule aus in den nächsten Park gelaufen und habe versucht, das für mich allein zu „verdauen". Es blieben traumatische Erfahrungen, auch als das schon lange vorbei war.

Die Szene werde ich nicht vergessen: Mein Vater war mit mir bei der Erziehungsberatung, ich saß wie ein armer Sünder da, und der sehr nette Leiter der Erziehungsberatung (für den ich später als Senator zuständig wurde) sagte zu meinem Vater: „Herr Scherf, das ist ein wertvoller Junge. Den dürfen Sie jetzt nicht einfach in einen Beruf stecken. Der muss noch einmal eine Chance bekommen." Dann schickte er mich zu einem Psychotherapeuten, der mich auf die Couch legte und mit mir reden wollte. Als dann die Rechnung für die ersten zehn Sitzungen kam, sah ich: Der wollte pro Sitzung 20 Mark haben. Das fand ich unverschämt viel, und ich sagte zu meinem Vater: „Der ist genauso verklemmt wie ich. Dass der dafür noch Geld haben will, das, bitte sehr, beendest du. Das bringt nichts." Der Therapeut war einsichtig: „Wenn er nicht will … Aber einen Rat gebe ich Ihnen", sagte er zu meinem Vater, „nehmen Sie ihn von dieser Schule runter. Die macht ihn kaputt."
Für diesen Rat hat sich das Geld gelohnt.

Mein Vater war zunächst sehr enttäuscht. Denn dieses altsprachlich-humanistische Gymnasium war ihm schon wegen meines von ihm gewünschten künftigen Theologiestudiums wichtig. Er ging mit mir zur Nachbarschule – ein klassisches naturwissenschaftliches Oberrealgymnasium.

Ich weiß das noch wie heute: Der Schuldirektor, Herr Dr. Woltersdorf, war ein strenger Mann, vor dem ich wieder wie ein armer Sünder hockte und keinen Pieps machte. Mein Vater sagte zu diesem gestrengen Herrn: „Herr Woltersdorf, er muss doch noch eine Chance kriegen, das kann doch nicht alles gewesen sein." Und Herr Woltersdorf gab zur Antwort: „Gut, Scherf, versteh' ich. Ich nehme ihn. Der kriegt bei uns noch eine zweite Chance." Das war mein Start – in einer Schule, in der ich im Verlauf eines halben Jahres richtig aufblühte und nach dem Versagen und meiner Schulnot vorher richtig gut geworden bin.

Zuvor hatte ich richtiggehend auf der Nase gelegen. Ich war jedoch nicht allein gewesen. Mitschüler und einige Lehrer haben mir geholfen. Auch dass die neue Schule ein ganz anderes Selbstverständnis hatte als meine frühere Schule, war wichtig. Dann hat mir auch die evangelische Jugend geholfen, bei denen ich die ganze Zeit über war. Da hatte ich immer eine klare Rolle. Dort hatte ich auch keine Sprechschwierigkeiten – obwohl ich in der Schule in dieser ganzen Zeit immer gestottert habe.

Ich war 13, als das anfing. Es dauerte über zwei Jahre. Die klassische Pubertätszeit. Ich stotterte vor meinem Vater und in der Schule. Wie es dazu kam, weiß ich nicht. Vermutlich ist es einfach eine psychologische Reaktion, wenn man dem Druck nicht mehr richtig gewachsen ist – es schnürt einem die Luft ab. Der Körper reagiert. Die Stimme ist etwas Sensibles. Plötzlich wird man so zaghaft und so ängstlich, dass man sich nicht mehr traut, frei zu reden. Die Schule war der Auslöser. Aber auch mein Vater hat Druck auf mich ausgeübt. Es gab aber Bereiche, in denen ich ungehemmt sprechen konnte: Mit meinem Bruder Michael zum Beispiel, mit dem ich mich immer sehr gut verstand, hatte ich nie ein Problem mit dem Stottern.

Wenn ich heute Menschen sehe, die in ihrem Leben stecken geblieben sind, ist mir meine eigene Erfahrung präsent. Ich spüre: Die fühlen sich nicht anerkannt, erfahren sich nicht als getragen, sie fühlen sich immer nur vorgeführt und bloßgestellt – und entwickeln dann Symptome. Die einen werden magenkrank, andere bekommen Depressionen. Und wieder andere fangen eben an zu stottern.

Meine Eltern haben beide, aus unterschiedlichen Gründen, an mich geglaubt. Sie wollten mich nicht allein lassen und haben gesehen: In dem Jungen steckt mehr drin, als dass er nur unglücklich ist.

Beide, Vater und Mutter, waren Volksschüler gewesen: Sie hatten keine Ahnung, wie das mit dem Abitur und dem Studium geht. Aber sie haben es uns Geschwistern zugetraut. Wenn Menschen etwas zugetraut wird, weckt das auch Kräfte und mobilisiert Energien. Es gibt Menschen, die aufgeben, wenn ihnen niemand hilft. Man kann sie richtiggehend tragen dadurch, dass man sie positiv verstärkt und die Gewissheit vermittelt: Wir sind von dir überzeugt. Psychologen sagen, dass man aus Menschen etwas herauslieben kann. Dieses Glück hatte ich sicher mit meinen Eltern, ganz besonders auch mit meiner Großmutter. Meine Geschwister haben kräftig mitgeholfen. Auch meine Gemeinde hat mich nicht alleingelassen.

Als ich mein Stottern überwunden hatte und als Schulsprecher viel zu reden hatte, haben mich meine alten Klassenkameraden nur angestaunt und sich gefragt: Was ist da bloß passiert? Früher kam der nicht aus seinem Sprachgefängnis heraus und jetzt redet er und redet er – ohne Bremse. Für die war das ein kleines Wunder. Für mich war es eine Erlösung.

Allein machen sie dich ein

Das Schwierigste ist die Einsamkeit. Ich selber war kein typischer Mainstream-Jugendlicher. Aber ich weiß: Der Gruppendruck unter gleichaltrigen Heranwachsenden ist enorm. Um als Jugendlicher dem Gruppendruck zu entgehen, muss man sich ein paar Freunde suchen. Es gehört Stärke dazu, sagen zu können: Ich muss nicht immer bei der Mehrheit sein. Und ich brauche nicht das zu tun, was alle gerade chic finden. Ich suche mir die aus, mit denen ich nachdenklicher umgehen kann. Mit denen ich über Dinge reden kann, die mir wichtig sind.

Auch heute muss keiner allein sein. Wenn man genau hinsieht, findet man viele junge Menschen, die nicht mit der Masse laufen, die umsichtig sind und selbstsicher. Es gibt positive Gegenkräfte und es gibt Alternativen. Ich selber habe sie in alternativen Gruppen gefunden.

Als junger Mensch sollte man auch bei seiner Berufsentscheidung nicht allein gelassen werden oder nur auf den Zufall angewiesen sein, nach dem Motto: Ich kenne einen, den ich sympathisch finde, und ich will das genauso machen wie er. Ein wenig orientierende Erfahrung sollte schon noch dazu kommen. Warum also nicht schon während der Schulzeit ein Praktikum an einem Gericht machen, wenn ich mich für Jura interessiere? Und wieso nicht einen Staatsanwalt in den Unterricht einladen, der aus seiner Welt berichtet? Wenn es gut geht, finde ich Leute, die auch an mir als Person interessiert sind. Die nicht nur sagen: Mach mal!, sondern die mich beim Übergang von der Schule zum Studium begleiten. Es ist wichtig, einen Studienplatz zu finden, der Austausch ermöglicht. An den Massenuniversitäten mit den überfüllten Hörsälen geht das nicht. Ich muss Kommilitonen suchen, mit denen ich gemeinsam meinen Weg machen kann. Eine positive Erfahrung, die mir persönlich sehr geholfen hat, hing mit dem Studienwerk Villigst zusammen. Es gab da ein halbes Jahr das so genannte Werksemester zwischen Schulzeit und Studium. Weg von den Eltern, heraus aus dem Hotel Mama. Wer in diesem Studienwerk aufgenommen war, musste dieses Werksemester möglichst früh machen. Man kam mit Gleichaltrigen zusammen, die ebenfalls mit ihrem Studium anfangen wollten. Wir waren zu viert auf einer Bude: ganz unterschiedlich von Typ, Charakter, Interessen – vier, die auch später ganz unterschiedliche Berufsfelder ausfüllten: in der Gesundheitspolitik, als Ökonom an der Uni, im Verlag, in der Juristerei. Diese unterschiedlichen Leute lernten nicht nur einander und sich selbst in diesem Miteinander neu kennen – sie lernten auch, ihr Leben und das Studium, das ihnen an der Universität bevorstand, ganz anders zu strukturieren und zu organisieren, weil sie ein halbes Jahr lang mit einer völlig anderen Wirklichkeit in intensivste Berührung gekommen waren: mit der Arbeitswelt der Industrie – dem richtigen Leben also. Bei den Stahlarbeitern, die im Gruppenakkord arbeiteten, musste ich mich anstrengen, mitzuhalten, damit die durch meine Langsamkeit kein Geld verloren. Wir mochten uns. Ich bin in die IG Metall eingetreten, war in ihrem Männergesangsverein, habe bei einem von ihnen am Wochenende mitgeholfen, sein Häuschen zu bauen. Da fühlte ich mich gut aufgehoben.

Auf der anderen Seite gab es die interdisziplinäre Arbeit mit den anderen Studenten im Studien-Bildungswerk. Ich habe in dieser Zeit zum Beispiel erst richtig Lesen gelernt. Noch während des Werksemesters habe ich allein mit dem späteren Heidelberger Theologieprofessor Tödt einen ganzen Vormittag einen kurzen zweieinhalbseitigen soziologischen Schelsky-Text durchgearbeitet, immer wieder, von vorne nach hinten. Schon der Titel war reichlich anspruchsvoll – und unvergesslich: „Ist Dauerreflexion institutionalisierbar?" Für den angehenden Jurastudenten, der sich auch für Soziologie interessierte, und den Theologieprofessor, für den Soziologie selber fremd war, der aber hier die Gemeinde- und Kirchenproblematik thematisiert fand, war das ein sehr intensiver gemeinsamer Suchprozess auf Augenhöhe.

Während des Studiums half mir dann etwas anderes: Ich ging einfach auf die Professoren zu. Leute, die ich nur vom Hörensagen kannte, lernte ich so aus der Nähe kennen. Die haben mir dann auch wieder geholfen. Julius Wolf – ein von den Nazis vertriebener jüdischer Zivilrechtler, den ich bewunderte – hat mich plötzlich nach einer Vorlesung gebeten, ihm meine Mitschrift zu geben: Er wollte sehen, was überhaupt angekommen ist. Sein Kolleg war schlecht besucht (er selbst auch nicht gerade ein begnadeter Vortragender). Und er war für eine Rückmeldung dankbar. Ich konnte also auch ihm etwas geben. Ich wollte mit dem Besuch seiner Vorlesung auch für mich selbst ausdrücken: Menschen wie er, die nach dem Krieg zurückgekommen sind, sind ein Segen für uns.

Ich habe auch bei Pringsheim gehört, dem Bruder von Katia Mann, den Heidegger 1933 von der Universität vertrieben hatte und der 1945 sofort wieder zurückgekommen war, um internationales Privatrecht zu lehren. Diese Materie war viel zu kompliziert für mich. Ich wollte es aber einfach verstehen, schon deswegen, weil ich spürte, dass er zurückgekommen war, um uns Nachkriegskindern eine neue Chance zu geben. Diese Haltung hat mich berührt – und motiviert.

Wichtig war aber auch, dass ich Kollegen gefunden habe, mit denen ich in kleinen Gruppen gemeinsam Texte las und die Vorbereitung aufs Examen machte. Wir haben unsere Hausarbeiten und Klausuren verglichen und uns gegenseitig erzählt, was wir von unserer Lektüre behalten hatten.

Wenn ich aus meiner Studienerfahrung heraus heutigen Studierenden einen Rat gebe, dann vor allem den: Nicht einsam und allein studieren in dieser unübersichtlichen, unfreundlichen und didaktisch inkompetenten Wissensvermittlungsinstitution, in der Exzellenz bei Professoren nicht an ihrer Fähigkeit zu lehren gemessen wird, sondern an ihrer Fähigkeit, Drittmittel einzuwerben. Allein ist man da verloren und noch dazu manchmal didaktischen Voodoofiguren ausgeliefert, die gar nicht die Absicht haben, Studenten zu motivieren. Die leben auf einem anderen Stern, halten ihre Stoffe für Selbstläufer und sind sicher, dass nur ganz wenige ihrer Studenten überhaupt würdig sind, ein Examen abzulegen. Kein Wunder, dass die Studierenden vor solchen Lehrern Angst haben.

XI

Fehler sind zum Lernen da

Natürlich habe ich in meinem Leben Fehler gemacht. Das Gute daran ist, dass ich aus ihnen gelernt habe. Ein Beispiel: Ich habe jahrzehntelang politisch gearbeitet, indem ich polarisiert habe, polemisch und scharf. Ich bin damit gut über die Runden gekommen, weil meine eigenen Leute die Kampfattitüde gut fanden, nach dem Motto: Der steht auf unserer Seite, hat ein klares Bild vom Gegner und weiß genau, was gut und schlecht ist. Und er kann das deutlich formulieren. Und ich selbst dachte: Das gehört dazu. Demokratie lebt von Streit. Da muss man andere Meinungen haben, bei einer Einheitssauce ist die Würze weg. Davon war ich jahrzehntelang überzeugt, und so habe ich auch gelebt.

Seit ich in der großen Koalition war – nicht aus eigenem Antrieb, sondern weil ich dazu gedrängt worden war – habe ich gelernt, dass es eine wunderbare Erfahrung ist, sich mit denen verbünden zu können, mit denen man sich lange gestritten hat und von denen man sich bisher abgegrenzt hat. Und dass man mit jemand, vor dem man sonst immer automatisch den Helm aufgesetzt hatte, gemeinsame Projekte entwickeln und sie auch loyal umsetzen kann. Man bekommt plötzlich auch Unterstützung von Menschen, die man früher einem fremden Milieu zugerechnet hat. Da war mir auf einmal klar: Das hast du vorher falsch gesehen! Du warst auf einem Auge blind. Loki

Schmidt hat genau diesen Punkt wahrgenommen und in ihrer herzlich-direkten Art zu mir gesagt: „Jetzt bist du endlich erwachsen geworden!"

Ich habe also aus einer langjährigen Fehleinschätzung gelernt und mich verändert. Inzwischen werde ich sogar von der CSU eingeladen. Früher hätte ich das nicht akzeptiert oder es zumindest vor anderen verschwiegen. Und wieso soll ich nicht hingehen, wenn Arbeitgeber mich einladen? Oder die Führungsakademie der Bundeswehr? Mich Pazifisten! Jetzt nehme ich mir eben vor, mich in deren Lage, in ihre Fragen und Anliegen reinzudenken, ich versuche, ihre Rolle und meine Rolle herauszubekommen und klarer zu sehen, wie das zusammenzudenken ist. Da habe ich gelernt, aus einer langjährigen Fixierung auf Polarisierung herauszukommen. Ich bin jemand geworden, der mit Überzeugung den Konsens sucht und Brücken bauen will. Und ich spüre, die Leute nehmen mir das nicht nur ab, sie finden das auch spannender als das, was ich vorher gemacht habe.

Man braucht in der Politik beide Fähigkeiten: Das Rebellische, das Klare, Pointierte, auch das Zornige. Und das Brückenbauen und Vermitteln, das Verbindliche und Verbindende. Das Rebellische ist übrigens nicht nur eine alterstypische Reaktion der Jungen. Ich kenne hinreißende zornige Alte. Heinrich Albertz, Helmut Gollwitzer und Präses Scharf etwa wurden – je älter sie wurden – immer freier und undogmatischer. Als die ganze Republik auf Terroristenhatz war, als es Mobilisierung und Bewaffnung gab, haben die drei dagegengehalten, mit großer Überzeugungskraft. Auch Helmut Schmidt gehört zu diesen Alten:

Je älter er wurde, desto klarer wurde er. Er ist allein, körperlich eingeschränkt, kann nicht mehr laufen, nicht mehr stehen. Er hat eigentlich nur noch seinen Kopf. Er schafft es, erstaunlich zuzuspitzen, zu klären – einfach und mit großer Autorität und Überzeugungskraft.

Verratene Überzeugungen?

Ich weiß, was Krieg ist. Als Kind habe ich die Bombennächte erlebt. Ich sehe noch immer die Leichen Verschütteter vor mir, die aus den Kellern herausgeholt wurden. Und ich weiß, was Gewalt Menschen antun kann, denn ich habe noch die KZ-Insassen vor Augen, die im zerbombten Bremen den Schutt aufgeräumt haben.

Die Konsequenz für mich war: Ich habe den Kriegsdienst verweigert und das christlich begründet. 20 Seiten waren es, die ich damals als junger Student geschrieben habe. Davon nehme ich heute nichts zurück. Krieg und Gewalt – das sind große Themen meines Lebens geblieben: Schwere Konflikte hängen damit zusammen. Ich habe sie mit Freunden auszutragen versucht. Aber auch mit mir selbst.

Ich war überzeugt: Einen gerechten Krieg kann es in Zeiten der Atombewaffnung nicht mehr geben. Ein Atomkrieg, jeder Atomkrieg kennt nur noch Opfer. Als die Sowjetunion 1976 begann, ihre Raketen zu modernisieren, reagierte die Nato mit der Stationierung von 572 neuen amerikanischen Mittelstreckenwaffen in Westeuropa. Unsere Angst war real: Ein Knopfdruck der einen Seite hätte den atomaren Gegenschlag ausgelöst und nicht nur Deutschland ausgelöscht, wo die Raketen der Amerikaner stationiert waren. Der Anfang eines Atomkrieges wäre das Ende der menschlichen Zivilisation gewesen. In einem solchen Krieg gibt es am Ende nichts mehr zu verteidigen.

Ich war also gegen das Militär. Trotzdem: Hans Koschnick, übrigens selbst Kriegsdienstgegner, sagte mir: „In der Regierung muss man für alle zuständig sein, nicht nur für die Kriegsdienstverweigerer." Als Regierungschef gab er mir, seinem Senator, zu verstehen: „Du musst dich jetzt auf ein entspanntes Verhältnis zur Bundeswehr einlassen. Auch die muss von dir vertreten werden." Für mich war das ein großer Konflikt: Wie konnte ich das hinkriegen?

Generalinspekteur Altenburg, der in Bremen wohnte, hat mir damals sehr geholfen. Er gab mir die Gelegenheit, vor der Bundeswehrakademie aufzutreten und bei Kommandeurstagungen zu sprechen. Und er hat mich schließlich im Konflikt um die Wehrmachtsausstellung unterstützt, die die Beteiligung des deutschen Militärs an den Verbrechen des Zweiten Weltkriegs dokumentierte. Die Ausstellung sollte im Rathaus gezeigt werden. Die CDU wollte das nicht. Altenburg half mir dadurch, dass er es möglich machte, die Militärs in den Diskurs miteinzubeziehen. Man muss sich erinnern: In München protestierten damals 5000 Neonazis gegen die Wehrmachtsausstellung, in Bremen ging sie friedlich über die Bühne. Das waren Schritte, nach denen ich dachte: Es geht vielleicht doch.

Jetzt, da die Bundeswehr nicht mehr nationale Armee ist, sondern so etwas wie ein international integrierter polizeiähnlicher Apparat, der die UNO-Beschlüsse durchsetzungsfähig macht, ist das für mich klarer. Die Gefangennahme des Kriegsverbrechers Mladic im Frühsommer 2011 hat die Diskussion wieder in Erinnerung gerufen – in deren Verlauf schließlich dann auch die Grünen den Einsatz der Natotruppen in Jugoslawien gerechtfertigt haben, um das Morden an unschuldigen Zivilisten dort zu beenden. Die Kriegsverbrechen an den bosnischen Muslimen und die ethnischen Säuberungen haben mich darin bestärkt, zu sagen: Dagegen muss die Völkergemeinschaft einschreiten, mit aller Macht.

Wenn und solange Wehrpflicht besteht, bin ich dafür, dass man von seinem Grundrecht auf Kriegsdienstverweigerung Gebrauch macht und dass der Staat durch den Zivildienst auch eine friedliche Alternative aktiv anbietet.

Andererseits: Bei UNO-legitimierten Einsätzen integrierter Einheiten ist deren Unterstützung auch eine Frage der UNO-Loyalität. Nur so hat eine Weltregierung eine Chance, sich bei großem Unrecht, bei großer Gewalt, bei Kriegsgefahr, durchzusetzen.

Und schließlich: Heute versteht sich die Nato als Sicherheitspartner Russlands, geht also mit denen zusammen, mit denen sie sich früher ein lebensbedrohliches Wettrüsten geliefert hat. Wenn erbitterte Gegner zu Partnern werden, die gemeinsam überlegen, wie man in der Welt Gewalt eindämmt – dann ist das eine richtige Entwicklung.

Habe ich damit alte Überzeugungen verraten? Ist das eine Niederlage? Habe ich mich weiterentwickelt? Oder hat sich die Wirklichkeit geändert?

Ich habe auf dem langen Weg solcher Überlegungen auch Freunde verloren, die mir politische Winkelzüge vorwerfen. Aber ich will tun, was ich für richtig halte. Ich möchte schrittweise daran mitwirken, dass es ein Gewaltmonopol der UNO gibt. Einer muss das Gewaltmonopol haben, wenn wir Willkürherrschaft verhindern wollen. Und er muss es auch durchsetzen können. Wenn wir in dieser Richtung unterwegs sind, kann ich mich nicht verweigern. Ich versuche, mich mit meinem Pazifismus und meiner Überzeugung von der Notwendigkeit gewaltlosen Handelns da hineinzudenken.

Sieg? Oder Niederlage?

Keines von beiden. Es ist Entwicklung. Akzeptieren von Realität, Ankommen in der Wirklichkeit.

Aber es bleibt ein Dilemma.

Niederlagen gehören dazu. Man kann nicht immer recht haben

Seit über 500 Jahren gibt es an der Wand des Sitzungssaales im Bremer Rathaus ein großes Fresko, das das Salomonische Urteil darstellt – das Bild, das den Bremer Kaufleuten damals das Urbild der Gerechtigkeit war, an dem sie sich messen lassen wollten. Links von dieser Szene stehen Bibelzitate. Rechts Sprüche aus der Römischen Tradition. Darunter ein Satz von Cicero, im Vulgatalatein wiedergegeben: „Bedenkt, wenn ihr hier als Richter Recht sprecht, dass ihr eure Urteile auch dann akzeptiert, wenn ihr die Partei seid, die verloren hat." Das ist Ausdruck römischer

Zivilrechtskultur, keine Errungenschaft demokratischer Zeiten. Unsere Kaufleute, die vor 500 Jahren – das waren durchaus wilde Zeiten am Ende des Mittelalters – im Senat saßen, fanden das gut. Man kann nicht immer nur Recht haben. Man kann nicht immer nur Sieger sein. Das ist Gelassenheit und Souveränität.

Gerade in meiner Partei, der SPD, habe ich es erlebt: Siegen und Feiern und Jubeln – das wollen alle. Aber die Menschen schauen auch genau hin, wie sich der verhält, der verloren hat. Natürlich ist Verlieren nicht angenehm. Im Gegenteil, es ist sehr anstrengend. Entscheidend ist aber, ob man in der Lage ist, Niederlagen anzunehmen und Fehler einzusehen. Ich habe mir eine solche Haltung richtiggehend erarbeitet – mühsam. Es klappte keineswegs von Anfang an.

Dass es geradezu eine Chance ist, mit Niederlagen konstruktiv umzugehen, das meine ich nicht in dem Sinn des martialischen Spruchs: „Was uns nicht umbringt, macht uns stärker." Meine Erfahrung: Scheitern wird sogar respektiert und geschätzt, wenn man in einer Situation der Niederlage gelassen reagiert. Vielleicht nicht die jungen Draufgänger, aber die im Leben Erfahreneren versammeln sich gerne um Leute, die in der Lage sind, aus Niederlagen heraus Neuanfänge zu machen.

Wer da anfängt, böse, bitter und giftig zu werden, wer dann den Stab über andere bricht und sich abkehrt – der fällt über die Vorwürfe, die er anderen macht, ins eigene Loch. Wenn man aber Niederlagen annimmt – mit der Haltung: „Das kann passieren, bei Wahlen muss es auch einen geben, der verliert, ich will meine Rolle akzeptieren" – dann kann gerade das der Punkt sein, an dem Vertrauen entsteht. Wer sagt: „Ich habe verstanden" – und nicht der Neigung nachgibt, andere für eigene Niederlagen verantwortlich zu machen, der gewinnt Achtung.

Natürlich gab es in meinem Leben immer wieder Niederlagen, die richtig wehgetan haben. Weh tut etwas besonders, wenn man überzeugt ist, für eine wichtige und richtige Sache gekämpft zu haben und nicht durchdringen konnte. Aber auch Dinge, die einem „passieren" oder „angetan" werden, gehören dazu.

Das Schulversagen und das Sitzenbleiben hat mich tief verletzt. Daran habe ich lange gekaut. Später, als junger SPD-Landesvorsitzender, habe ich eine spektakuläre Niederlage erlebt. Eine von mir mit aufgestellte Liste für die Landtagswahl wurde in einer aufstandsähnlichen Attacke vernichtet. Man hat nicht mich, aber meine Freunde „abgeschossen". Als ich da vor versammelter Mannschaft auf die Nase flog, habe ich nur gedacht: „Du kannst nach Hause gehen." Machtlosigkeit kann weh tun.

Die nächste ganz große Niederlage war am 6. Mai 1980. Im Bremer Weser-Stadion sollte eine öffentliche Vereidigung von Bundeswehrsoldaten stattfinden: Ein Skandal bahnte sich in der Stadt an, in dem ich vermitteln wollte. Die SPD, die Gewerkschaften, die Kirchen, die öffentliche Meinung waren dagegen. Die letzte öffentliche Vereidigung im Stadion war von den Nazis veranstaltet worden. Der SPD-Bürgermeister Hans Koschnick hatte dies dennoch durchgesetzt und mich bei der Entscheidung umgangen. Ich dachte an Rücktritt, habe mich aber dann mit meinen Freunden darauf verständigt: Wir verhindern durch friedliche Massenpräsenz, dass es zu einer Gewalteskalation kommt. Und wir brachten in der Tat 10.000 Menschen auf die Beine. Das Ergebnis aber war katastrophal. Die Sache entglitt. Am Ende stand einer der schrillsten Gewaltexzesse, den die Bundesrepublik je erlebt hat.

Was war passiert? Wir wurden bei der Demonstration von beiden Seiten angegriffen. Für beide war ich ein Feind. Ich wurde von der Polizei und von gewaltbereiten Demonstranten verprügelt. 260 Autos der Bundeswehr wurden angezündet. Es gab Hunderte von Verletzten, zum Teil durch Phosphor Schwerverletzte. Es war wie Krieg. Es war so schiefgegangen, wie man es sich in den bösesten Albträumen nicht vorstellen mag. Die Polizei war wütend auf mich: Du hast uns das alles eingebrockt!

Es gab dann zwei öffentliche Untersuchungsausschüsse gegen mich, in Bremen und in Bonn. Ich dachte damals wieder: Eigentlich musst du zurücktreten. Was du wolltest, ist nicht gelungen, du musst die Verantwortung übernehmen. Dann hätte ich aber meinen Kollegen, den Innensenator, bloßgestellt, der das genauso wenig verhindert hat, und wir hätten die SPD zersplittert, in der ich die Mehrheit für meine Position hatte. Ich sagte mir: Du musst bleiben, aber die Kraft haben, zuzugeben: Es war eine Fehleinschätzung, wir haben die Gewalt unterschätzt, wir haben unsere Überzeugungskraft überschätzt.

Eine andere Niederlage habe ich bei der Verabschiedung des Steuerpakets erlebt: Ich war in der Großen Koalition in Bremen und musste meinen Koalitionspartner – gegen dessen eigene Bundespartei – dazu bringen, zuzustimmen. Mein Koalitionspartner Neumann brauchte die schriftliche Zustimmung der Regierung. Und Bundeskanzler Gerhard Schröder hatte mir 2000 diese Garantie in einem „Kanzlerbrief" schriftlich gegeben: eine Erklärung, die bis ins Komma hinein klarstellte, dass wir freigestellt würden von den Auswirkungen seiner Steuerreform. Es ist mir dann aber 2005 nicht gelungen, das bei Schröder einzufordern. Er tat so, als gäbe es den Brief nicht. Und der Finanzminister Hans Eichel sagte: Wenn Schröder etwas schreibt, ist das nicht mein Problem. Er hat sich sogar geweigert, eine Arbeitsgruppe einzusetzen, um nach einer Regelung zu suchen. Eigentlich hätte ich aus der SPD austreten müssen. Aber, meinte ich, Schröder ist nicht die SPD. Er war in dieser Situation ein Kanzler mit begrenztem Durchsetzungsvermögen. Öffentlich aber war ich der Blamierte. Ganz viele Leute hatten auf mich gehofft. Und ich habe es nicht geschafft, mich durchzusetzen.

Diese Erfahrung hat mich allerdings mit dazu veranlasst, über mein Ende als Politiker nachzudenken.

Unvorbereitet – meine beste Zeit

Ich hatte schon vor der Großen Koalition Rückzugsgedanken. Ich wusste: Ich kann auch etwas anderes machen. Die Arbeiterwohlfart (AWO) wollte mich zum Bundesvorsitzenden machen. Es war 1995 – ich wollte nur bis zur Wahl bleiben. Das Ergebnis dieser Wahl war ein Desaster: 33,5 Prozent für die SPD, die CDU auch bei knapp über 33 Prozent. Das hatte es in Bremen noch nie gegeben: die gleiche Zahl von Abgeordneten für diese beiden Parteien. Als ich zurücktreten wollte, hat mich die SPD wieder zurückgeholt, ich habe mich breitschlagen lassen. Nach einer Mitgliederbefragung (wir waren in Bremen damals immerhin noch 20.000 Mitglieder) waren 75 Prozent dafür, dass ich das mache, und es gab eine Mehrheit für eine große Koalition. Obwohl ich vorher noch hatte zurücktreten wollen, war mir klar: Das musst du jetzt machen. Und ich habe meine ganze Energie dahinein gegeben. Das wurde meine beste Zeit. Es geschahen Dinge, die ich nie für möglich gehalten hätte. Große Unterstützung der Bevölkerung, auch die Presse war hinter mir, abgesehen von der taz (der Chefredakteur, damals mein schärfster Kritiker, singt heute neben mir im Chor) und das hat mich – und die SPD – beflügelt. Plötzlich hatte ich das Gefühl, ich werde nicht nur gebraucht, ich kann das auch. In dieser Zeit von 1995 bis 2005 wollten mich beide, die CDU und die SPD bei zweien meiner Anläufe, zu gehen, nicht gehen lassen: Du hältst den Laden zusammen, signalisierte man mir. Den Punkt zu finden, den ich dann im Herbst 2005 für den Ausstieg fand, ist mir nicht vorher gelungen. Es wäre eine Flucht gewesen. Ich hatte große Angst, dass die Leute sagen: Er läuft davon.

Ich habe in meinem Leben nie so viel positive Reaktionen erfahren, wie ich sie jetzt erlebe. Ich war jahrzehntelang nur für den linken Teil der Gesellschaft attraktiv, in der SPD und als Gewerkschafter und in der Friedensbewegung. Ich habe in Mutlangen demonstriert und war in Bonn dabei, als es gegen den NATO-Doppelbeschluss ging. Ich war einer von ihnen und gehörte dazu. Und jetzt habe ich den anderen Teil der Gesellschaft entdeckt, und er anscheinend mich. In den letzten Jahren kam viel Zustimmung von den Bürgerlich-Konservativen, die mich früher immer für ein Unglück und für einen negativen Standortfaktor hielten. Das war eine Überraschung. Und es tut natürlich auch gut. Von einer solchen Akzeptanz und einem solchen Vertrauen habe ich früher nicht einmal geträumt. Ich habe es schlicht nicht für möglich gehalten. Wir haben uns gegenseitig entdeckt. Alte Gegner wurden zu Sympathisanten.

Kritiker und Gegner

Der Wunsch nach Harmonie ist so verständlich wie der Wunsch, alle hinter sich zu haben. Aber als absolutes Prinzip taugt beides nicht.

Ich hatte natürlich immer auch Gegner. Wie notwendig Gegner sind und ob der Kampf auch Spaß macht, das ist eine andere Frage. Es kommt darauf an: Helmut Schmidt als Gegner zu haben, das hat mir zum Beispiel eher Angst gemacht. Wenn ich ihm Contra gab, und das habe ich oft getan, war es für mich eine Mutprobe. Ihm, der ein glänzender Rhetoriker und unglaublicher Polemiker war, hat es vermutlich sehr viel mehr Spaß gemacht, dagegen zu halten.

Wir alle machen Fehler. Kritik ist lebensnotwendig, um Fehler zu minimieren und Risiken zu begrenzen. Es kann nicht darum gehen, Kritik zu dämonisieren. Die Frage ist: Wie kann man Kritik wertschätzen und andere davor bewahren, dass sie keine Alternativen mehr sehen? Es gibt nie nur die eine richtige Entscheidung, auch wenn Politiker das anders darstellen wollen. Darum braucht es in der

Demokratie Opposition, auch wenn dies ein hartes Brot ist. Genau wie es eine Presse braucht, die keine Hofberichterstattung betreibt, sondern nachfragt, aufmerksam ist, Missbrauch dingfest macht und Fehler benennt.

Konflikte sind notwendig. Das weiß ich, das habe ich auch immer so gesagt. Und trotzdem: Es geht mir persönlich jetzt besser, nach meiner aktiven Zeit als Politiker. Bei dem, was ich zum Thema Alter sage, fühle ich mich von vielen verstanden. Menschen sagen mir: „Gut, dass du den Mund aufmachst. Gut, dass jetzt öffentlich darüber geredet wird. Das können wir doch nicht alles privat lösen." Es ist also möglich, auf die großen gemeinsamen Fragen abzuheben, die uns alle als Menschen angehen – obwohl ich es jahrzehntelang anders gemacht habe.

Es ist wichtig, dass wir streiten und diskutieren – ohne gleich den Staatsnotstand auszurufen. Wir brauchen dringend eine solche Konfliktkultur. Nicht nur: „Es gibt nur eine Wahrheit, nur einen Weg, nur eine Gruppe, Pech gehabt, wenn du nicht dazugehörst." Im Streit in der Demokratie liegt auch ein aktivierendes Moment: „Streng dich an. Lass dich nicht nur bespielen. Komm in die Gänge. Sei nicht larmoyant. Du kannst auch Mehrheit werden, wenn du gut argumentierst und Leute findest, die dich überzeugend finden. Und wenn es einmal nicht klappt, klappt es vielleicht in einer anderen Zusammensetzung, mit einem neuen Anlauf!"

Auch wenn die Lage schwierig ist – eine resignative Haltung nach dem Motto: „Das ist jetzt endgültig vorbei", sollten wir uns nicht gestatten.

Was ist denn endgültig vorbei? Wer will uns da mutlos machen?

Die Rede vom Weltuntergang macht nur faul.
Nichts ist hoffnungslos.

Klare Kante, klare Grenzen – Konfrontationen und Kämpfe

Es gab natürlich auch Erfahrungen, dass Leute gegen mich arbeiteten und ich mir sagte: „Das muss nicht so sein!" Manchmal habe ich mir selber vorgeworfen: „Vielleicht hast du diesen oder jenen gekränkt? Möglicherweise warst du selber zu heftig." In solchen Fällen habe ich versucht, hinterher zu klären. Mit Dr. Hermann Kuhn etwa, einem sehr exponierten Grünen und Ex-Kommunisten, der auch einmal Vizepräsident der Bürgerschaft war, den ich inzwischen sehr schätze (und mit dem meine Frau in der Deutsch-Israelischen Gesellschaft zusammenarbeitet) hatte ich in den Zeiten der Großen Koalition heftige Schlachten. Jetzt bin ich Pensionär, und er muss – in Zeiten der rotgrünen Koalition im Bremer Senat – Regierungspolitik vertreten. Wir können jetzt wieder sehr entspannt miteinander reden. Die Feindseligkeit ist überwunden. Eine solche Erfahrung finde ich schön. Nicht immer gelingt sie.

Männer können in solchen Konfrontationen übrigens von Frauen lernen. Frauen können meist besser mit Konflikten umgehen, weil sie in der Lage sind, darüber zu reden. Männer sind im Umgang mit Streit, Kontroversen und Ärger viel weniger konfliktfähig. Sie isolieren sich, sagen gar nichts mehr, grüßen sich nicht mehr und schneiden sich. Wer miteinander kommuniziert, kann auch einen heftigen Konflikt wieder halbwegs verhandelbar machen und den Ärger leichter überwinden. Über den Austausch gelingt das Miteinander wieder.

Natürlich habe ich auch die ungute Erfahrung von heftiger Aggression gemacht. Wie geht man damit um? Da war etwa der Journalist Reiner Pfeiffer, der Mann, dessen dubiose Aktivitäten gegen politische Gegner als Medienreferent in der Kieler Staatskanzlei in der Konsequenz den schleswig-holsteinischen Ministerpräsidenten Uwe Barschel in den Tod getrieben haben. Reiner Pfeiffer war, bevor er zu Barschel kam, Chefredakteur des Weser-Reports in Bremen: von der CDU gegründet, mit einer Auflage von 280.000 kostenlos zweimal in der Woche in alle Haushalte verteilt. Dieser Mann war von blankem Hass auf mich getrieben. Einmal hat er auf die erste Seite seines Blattes ein äußerst unvorteilhaftes Foto von mir platziert. Dazu der Text – ohne eine Namensnennung: „Vor diesem Menschen haben Bremens Frauen Angst." Einmal sagte er mir nach, ich hätte Kinder auf einem Kinderspielplatz betrunken gemacht und sie in diesem Zustand der DKP zugeführt. Das Landgericht hat ihm daraufhin Unterlassung auferlegt, mit der Strafandrohung von 750.000 D-Mark bei Zuwiderhandlung – woraufhin der Verlag ihn rausgeworfen hat.

Das war ein extremer Fall, aber Pfeiffer war bei weitem nicht der einzige unter den Journalisten, die mich massiv angegriffen haben. Wie damit umgehen? Bei Pfeiffer – ein klarer Fall: Man musste klare Verhältnisse schaffen. Mit dem Menschen wollte ich nichts zu tun haben. Wenn man die richtigen Gegner hat, Neonazis etwa – die DVU war bei uns im Parlament – dann verhelfen die einem schon dazu, dass man eindeutig und klar ist. Die richtigen Gegner müssen es allerdings sein.

Manche Gegner muss man meiden

Der Dalai Lama sagt, man sollte für Gegner dankbar sein, weil sie einem Lehrmeister sind – in Geduld und Langmut, im Erkennen der eigenen Fehler. Das kann sein: Es gilt allerdings nicht für alle. Es gibt Gegner, die sollte man einfach meiden. Ich selber kenne zum Beispiel keinen einzigen Neonazi. Und Altnazis schneide ich strikt. Auch mit Rassisten will ich nichts zu tun haben. Da habe ich keine Hoffnung auf Aufklärung – und auch keine Absicht der Belehrung. Das Gleiche gilt von Fundamentalisten, seien sie nichtchristlich oder christlich. Christliche Fundamentalisten, die mir vorwerfen, ich sei nicht fromm genug, frustrieren mich nur. Früher habe ich mich gewehrt. Heute mache ich kehrt. Das ist reiner Selbstschutz.

Natürlich, es ist ein Unterschied ob jemand nur dumm, geistig beschränkt ist oder voller Aggression und Hass. Kein Pardon sollte es daher auch bei Frauen- und Kinderhassern geben.

Bei Zynikern ist es komplizierter. Es gibt ja sehr intellektuelle unter ihnen. Da gebe ich mir Mühe und will erst mal rauskriegen, was hinter der Attitüde steckt und verstehen, ob sich Verletzungen dahinter verbergeb. Dann kann man möglicherweise noch etwas lernen. Auch bei Leuten, die

Lust haben, immer zu widersprechen, gebe ich mir große Mühe, weil ich denke – das könnte vielleicht sogar eine Hilfe sein.

Da ich mich mit Menschen verbünden und mit ihnen zusammen etwas Positives erreichen möchte, muss ich ihnen vertrauen können. Vertrauen ist die Basis für gemeinsames Nachdenken: Wer im Miteinander Erkenntnisse sucht, kann auch weiterkommen. Wenn sich jemand strikt und prinzipiell und ohne jedes Nachdenken hinter seinen Positionen verschanzt – dann habe ich keine missionarischen Absichten oder therapeutisch-pädagogische Bedürfnisse.

Hintenherum – vom Umgang mit Intrigen

Offene Konfrontation in der Politik ist das eine. Es gibt aber auch den Weg „hintenherum": Mobbing, Intrigen – auch solche Pflanzen blühen in diesem Gewerbe. „Eine Intrige kostet 23 Pfenning", hat der Hamburger Bürgermeister Voscherau einmal gesagt, als die Telekom noch Bundespost hieß und es noch keine Flat-Rate gab. Intrige ist immer noch ein Alltagsding. Es gibt sie in allen Parteien, auf allen Ebenen. Es wird sie weiter geben, und dagegen kann man sich letztlich auch nicht wehren. Aber immunisieren sollte man sich. Dafür gibt es verschiedene Möglichkeiten, die immer auf eines hinauslaufen: Ignorieren. Sich raushalten. Aufdecken. Dagegen halten – je nach Situation.

Nur eines ist strikt untersagt: Noch schlauer oder raffinierter sein zu wollen und sich mit Gegenintrigen zu wehren. Wer mit gleichen Mitteln zurückschlagen will, ist schnell selbst das Opfer und sitzt in der Falle.

Meine Erfahrung ist: Es gibt mindestens so viele, wenn nicht mehr Intrigen, als es konstruktive Vorschläge gibt. Wer nicht untergehen will und sich nicht verrückt machen lassen mag, muss sich immunisieren, das heißt, er darf sich nicht von diesen negativen Impulsen erreichen lassen. Das Gegenmittel ist klar: Sich engagiert auf die wirklich konstruktiven Beratungsangebote konzentrieren.

Als eine Oberintrigantin aus der eigenen Fraktion sich einmal bei mir über eine Hintenherumattacke beschwerte, sagte ich: „Meine Liebe, das hast du selbst in die Welt gesetzt. Ich habe es durchschaut: Du bist die Urheberin dieser Intrige, sie hat sich über viele Stationen verändert und sich dann wieder zu dir vorgearbeitet. Und es tut mir richtig gut, dass du einmal das Opfer deiner eigenen Bosheit geworden bist." Sie hat sich umgedreht und ist wütend aus dem Zimmer gestürmt. Und ich habe tief durchgeatmet. Da hätte sie reden können so viel sie wollte: Der Bumerang war zurückgekommen.

Um in öffentlichen Ämtern zu überleben, muss man sich wappnen, und sei es mit einem Panzer. Aber man braucht vor allem eines: den Schutz vor dem Angegiftetwerden und Zerfressenwerden von Intrigen. Sonst kommt man nicht mehr aus dem Bett – sobald man aufwacht, fallen einem die zahlreichen Bosheiten ein, die schon wieder auf einen warten.

XII

Bürgerlich – kein Schreckbegriff

Bremen: Dieser Stadtstaat hilft einem, bei den Leuten zu bleiben, auf dem Boden zu bleiben und nicht abzuheben. Bremen ist keineswegs ein Idyll, sondern eine sozial polarisierte Stadt. Einerseits die Stadt mit den meisten Millionären pro Einwohner (trotzdem fahren die Reichen hier nicht Rolls Royce), andererseits die Stadt mit den prozentual meisten Sozialhilfeempfängern. Dass die Reichen nicht protzen, wurde nicht von den Sozialdemokraten verordnet. In dieser Stadt gibt es zum Beispiel aus Tradition keine Orden. Ein Bremer Bürgermeister – ob Konservativer oder Sozialist – nimmt keinen Orden an. Einzig beim Karnevalsorden „Ritter wider den tierischen Ernst" habe ich eine Ausnahme gemacht. Den habe ich angenommen (und anschließend meinen Enkeln zum Spielen gegeben), den Pour le Mérite habe ich selbstverständlich abgelehnt. Bremen ist eine uralte Stadtrepublik – und die Kultur der freien Reichsstädte ist eine kostbare Tradition der deutschen Geschichte . Im Sinne des zentralen Satzes aus dem hohen Mittelalter: „Stadtluft macht frei" haben sich die Bürgerstädte anders entwickelt als die Fürstenstädte. Hier wurden sehr früh Flüchtlinge aufgenommen, und man hat diejenigen zu Stadtbürgern gemacht, die von Fürsten gejagt wurden.

„Bürgerlich" war für mich selber kein Schreckbegriff, weil ich immer unterschieden habe zwischen Bildungsbürgern und Besitzbürgern, die sich auf ihre ererbten Güter etwas einbilden und davon leben, dass sie zu den anderen Abstand halten, dass sie Dienstleister als Menschen zweiter Klasse behandeln, die Dienstboten im Keller unterbringen und unangemessen bezahlen. Menschen, die ins Theater gehen, nur um sich zu zeigen und weil sie ihre Garderobe ausstellen wollen und nicht, weil sie die Provokation der Inhalte schätzen, interessieren mich nicht. Das ist mir fremd gewesen und geblieben. Ich habe mich, was Kunst angeht, immer an den Inhalten gerieben und mich für noch so provokante Interpretationen von Literatur interessiert, habe auch gerne mit den Schauspielern diskutiert und gestritten. Bildungsbürger müssen nicht erst die Kritik eines Stücks lesen, bevor sie darüber reden. Diese habe ich immer geschätzt. Die Schmähung der bildungsbürgerlichen Inhalte durch die Achtundsechziger habe ich weder verstanden noch für mich akzeptiert.

Gegenüber den Kleinbürgern bin ich nachsichtig. Brieftauben etwa finde ich nicht spießig, sondern wunderbar, und auch wenn manche es nicht verstehen, wenn ich von den Kleintierzüchtern schwärme, wo die Großeltern mit den Enkeln die Stallhasen pflegen, sich um sie sorgen, sie jeden Tag füttern, den Mist wegmachen: Es rührt mich, wie die Kinder dabei Verantwortung lernen.

Dass sie am Schluss die geliebten Tiere aufessen, das steht auf einem anderen Blatt ...

Heimat finden

Gemeinsamkeit und Identität in einem Gemeinwesen durch alle gesellschaftlichen Schichten entsteht im Bezug auf einen konkreten Ort, seine Geschichte und seinen ganz besonderen Charakter.

Es passiert immer wieder, dass ich höre: „Bremen ist zu klein, weg mit der Selbstständigkeit Bremens!" Wenn solche Vorschläge durch die Politik geistern, bewirkt das immer das Gegenteil: eine hohe emotionale Identifikation und ein Zusammenrücken aller Bremer. Auch Werder Bremen, der Fußballverein ist ein solcher Brennpunkt der Gemeinsamkeit – da gehen alle hin. Auch als wir 1962 die Sturmflut hatten, rückte die Stadt eng zusammen. Solche dramatischen Anlässe erlebt man in einem Stadtstaat intensiver und nachhaltiger als in einem Flächenstaat, wo sich das Interesse zwischen Kleinstädten, Großstädten und der Landbevölkerung ganz anders verteilt. Auch die Kontakte sind bei uns leichter, und wenn ich mit dem Rad unterwegs bin, dann spüre ich: Da ist eine Nähe, die nicht nur von mir empfunden wird.

Die Frage ist: Wie bekommt man es hin, bei der ständig wachsenden Unübersichtlichkeit von Gesellschaft, Wirtschaft und Politik, dass Leute Heimatgefühl entwickeln, dass sie gerne bleiben und so etwas wie Identität erfahren? Wenn das möglich ist und immer wieder Anläufe dazu gemacht werden, dann kann man auch Entscheidungen in komplexeren Fragen durchsetzen. Auch zivilgesellschaftliche Prozesse laufen so: Es müssen Schnittstellen erfahrbar sein, Interessen muss man „vor Ort" verwirklichen können. Es muss gemeinsame Erfahrungen geben und gemeinsam realisierbare Ziele: Ziele, die man selber entwickelt. Keiner will vereinnahmt werden. Ich erinnere mich an Peter Glotz, der die Strategie verfolgte, die SPD über kleine Netze zu organisieren, weil er merkte, dass die herkömmlichen, großen Organisationsformen brüchig geworden waren. Ich fand das zunächst richtig, merkte aber bald, dass das kein Instrument ist, um eine große Partei zu organisieren. Kleine Netze leben nicht davon, dass ein Generalsekretär sie ins Leben ruft. Die haben eine ganz eigene Logik und entwickeln sich nach eigenen Gesetzen. Sie wollen eigene Interessen, Ziele, die ihnen naheliegen, verwirklichen und sich nicht für Parteipolitik instrumentalisieren lassen. Von oben her planen lässt sich das nicht, aber doch von innen her befeuern. Die Holländer nennen solche auf Nähe ausgerichteten Aktivitäten „Gemeinwesenarbeit". Bei uns heißen Sozialarbeiter, die so etwas tun, Quartiersmanager. Deren Aufgabe besteht darin, ein Auge darauf zu haben, wo die wirklichen Notlagen der Menschen in der Gemeinde, in der Nachbarschaft sind, und die wissen, wo es Leute im näheren Umfeld gibt, die mit denen zusammengebracht werden müssen, die ein Problem haben. Man muss nicht alles selbst tun. Entscheidend ist aber, andere dazu zu bewegen, mit anzufassen. Es gab früher auch Gemeinden, die säkulare Gemeindeschwestern hatten, die genau das taten. In Bremen war die Tochter von Paula Becker-Modersohn staatliche Gemeindeschwester. Sie habe ich öfter begleitet, wenn sie zu Fuß oder mit dem Fahrrad, eine große Tasche umgehängt, durch das Viertel streifte. Sie wusste genau, wann sie auf wen zugehen konnte und wer wem helfen würde. Solche Menschen brauchen wir wieder.

Es gibt inzwischen solche Initiativen, zum Beispiel in Stiftungen. Da gibt es in Oberschwaben etwa die Stiftung Liebenau, die ich bei mehreren Besuchen kennengelernt habe und die nicht nur in Städten, sondern auch in kleineren Gemeinden aktiv ist. Die Stiftung Liebenau mit Sitz im Meckenbeurener Ortsteil Liebenau ist ein aus christlicher Motivation heraus entstandenes, unabhängiges Sozial- und Bildungsunternehmen und wurde 1870 gegründet. Laut ihrer Satzung ist die Stiftung Liebenau eine „kirchliche Stiftung des privaten Rechts". Zu ihr gehören zahlreiche soziale Einrichtungen an rund 80 Standorten in Deutschland, Österreich, der Schweiz und Bulgarien. Insgesamt arbeiten rund 4800 Mitarbeiter in den Einrichtungen der Stiftung, die jährlich mehrere tausend Menschen unterstützen, versorgen oder behandeln. Seit 1990 ist die Stiftung in der Altenhilfe engagiert.

Dieses Engagement in der Altenarbeit hat mich besonders interessiert. In der Regel sind es drei Träger, die da mit ganz neuen Formen der Gemeinwesenarbeit vor allem im Blick auf alte Menschen zusammenwirken: Diese selbstständige Stiftung, die jeweilige Gemeinde und in der Regel eine Wohnungsbaugesellschaft. Ihr Motto lautet „Lebensräume schaffen". Im Hintergrund stehen Erfahrungen aus der Psychiatriereform. In einer Nachbarschaft werden Dienstleistungsprojekte entwickelt, bei denen jeweils ein Gemeinwesenarbeiter das Sagen hat. Den bezahlen die drei Träger zu gleichen Teilen. Sein Geschäft ist nicht, den alten Menschen die Wäsche zu wechseln oder die Kinder zum Kindergarten zu transportieren, sondern solche Hilfen zu organisieren.

Ich habe eine oberschwäbische Bäuerin in einer solchen Wohngemeinschaft erlebt: um die 75, keine Kinder in der Nähe, der Mann war gestorben. Sie konnte ihren Hof nicht mehr bewirtschaften, hatte also die Landwirtschaft aufgegeben und wollte trotzdem nicht allein sein. „Ich brauche Menschen", sagte sie mir. Jetzt ist sie glücklich – und die Seele der Wohngemeinschaft. Oder ein anderer, ein Hotelier, dessen Haus früher die erste Adresse in seiner Stadt war. Was seine Beweggründe waren, die ihn in diese Wohngemeinschaft geführt hatten? Sein Bruder, der im Alter in ein Heim gezogen war. Er hatte miterlebt, wie der in wenigen Monaten debil wurde: „Dieses Schicksal wollte ich mir ersparen. Ich brauche die anderen. Wir haben hier jeden Tag etwas zu tun, wir kümmern uns umeinander. Hier kann ich leben, weil ich angeregt werde." Das Haus steht in einem Stadtteil von Ravensburg, aus den 50er-Jahren, klassischer sozialer Wohnungsbau, viergeschossig, inmitten einer langweiligen Neubausiedlung, in der heute mittlerweile 3000 Leute leben. Mit diesem Projekt ist Erstaunliches gelungen: In einem dieser Blocks, mit einem separaten Eingang, wurden mehrere Wohnungen zusammengelegt, durch Türen miteinander verbunden, mit einem großen gemeinsamen Flur, einem Gemeinschaftsraum, auch mit einer gemeinsamen Küche. Von da aus geht es in die einzelnen Appartements, in denen man allein leben kann, mit eigenen mitgebrachten Möbeln. Nicht luxuriös, aber auch nicht mickrig. Jeder hat Zugang zu dem Gemeinschaftsbereich, dem Eingang, der Küche, dem Aufenthaltsraum – aber jeder kann auch sagen: ich ziehe mich jetzt zurück. Die Leute haben sich über Mundpropaganda gefunden oder über die Liebenau-Stiftung, die viele weitere Angebote in diesem Stadtteil hat, mit Treffpunkten, Cafés und Ähnlichem.

Bürgermeister können in Zeiten knapper Mittel eigentlich nur netzwerken. Sie müssen ihre Arbeit als Gemeinwesenarbeit angehen, das ist der einzige Weg, um überhaupt noch etwas zustande zu bringen. Die Leute müssen mich vor Ort sehen. Kommunalpolitiker sollten nicht ständig in der Landeshauptstadt oder in den Medien anwesend, vor Ort aber abwesend sein.

Gefährliche Entwicklungen

Gemeinschaft vor Ort wird immer wichtiger. Was in den Pfarrgemeinden derzeit passiert – Zusammenlegung zu immer größeren Verwaltungseinheiten – ist exemplarisch für eine gefährliche Entwicklung. Die Kommunen haben das alles schon hinter sich. In den 70er-Jahren gab es in der Bundesrepublik die große Gemeindereform, die in aller Regel darauf hinauslief, dass man kleinere Gemeinden zusammengelegt hat, größere Einheiten gebildet hat und von der Ehrenamtlichkeit in die Hauptamtlichkeit überging. Das hat nach meinem Eindruck zu höheren Kosten geführt, zum Verlust von viel Selbstständigkeit und damit zum Verlust von freiwilligem Engagement. Das ist die falsche Richtung. Ich selber war als junger Assessor in einer der Kommissionen, die das vorbereitet haben. Unser Ziel war, die stammtischverdächtige kommunale Arbeit endlich zu professionalisieren. Unsere Grundfrage war dementsprechend: Wie viele Leute braucht ein hauptamtlicher Sachbearbeiter, damit man seine Stelle rechtfertigen kann? Wir haben also von den Büromenschen ausgehend die Größe einer Gemeinde konstruiert und auf EDV-unterstütztem Weg weiter nach Rationalisierungseffekten geforscht. Das Pferd wurde von der falschen Seite aufgezäumt. Man darf gerade nicht von den Dienstleistern her denken, sondern genau andersherum: Was brauchen die unterschiedlich gewachsenen Gemeinden an Unterstützung? Was können sie selbst schaffen? Wir glaubten, fortschrittlich zu sein und haben dabei ein Kernstück der Kommunalpolitik beschädigt. Die Kirchen, die heute auf den Rückgang von Priestern bzw. Pfarrerberufen durch Gemeindestrukturreform reagieren, sollten nicht den gleichen Fehler machen. Gerade hier sollte Subsidiarität gelten. Man darf da nicht blind Zahlenspielen folgen. Auch bei sinkenden Mitgliederzahlen: Die Zahl derjenigen, die dann wirklich weite Wege, entfernt von ihrem unmittelbaren Lebensraum, auf sich nehmen, wird nicht identisch sein mit der Zahl der verbleibenden Mitglieder. Und für die alten Menschen wird es noch schwieriger werden. Sie fühlen sich ausgegrenzt. Natürlich habe ich kein Patentrezept, wie dieses soziale Gebot der Nähe realisierbar ist. Aber man muss erst einmal fantasievoll sein, nicht gleich generell die Gemeinden abschaffen: Wenn es immer weniger Theologen gibt, müssen die Laien die Gemeinden lebendig halten. Vielleicht werden die Hauskirchen in den Gegenden wiederkommen, in denen das Christentum in der Fläche immer schwächer wird. Das ist bereits in den östlichen Bundesländern der Fall.

Wie baut man neue Gemeinden auf? Ein befreundeter Pastor hat in Königsberg versucht, zunächst Orte wiederzuentdecken und wiederzubeleben, an denen früher Gemeindeleben war. Er hat dann Kapellen wieder eröffnet oder ein altes Gemeindehaus neu aktiviert und Angebote für alle gemacht. Wie kann man da überhaupt zwei oder drei finden? Man muss auf die Leute zugehen. Die kommen nicht mehr von selbst. Und es braucht Geduld mit denen, die es sich wirklich überlegen, ob sie wiederkommen. Gemeinden müssen also unter diesen Vorzeichen anders entwickelt und aufgebaut werden, als das klassischerweise der Fall war. Das ist ein Lehrstück nicht nur für Kirchenleute. Sondern auch für Politiker.

Politik, Macht und ihre Grenzen

Politik steht heute in einem schlechten Ruf. Viele glauben nicht, dass die Politik im Stande sei, die wirklichen Probleme zu lösen. Und mehr als 80 Prozent der Bürger werfen den Parteien vor, dass es ihnen nur um die Macht geht. Die politische Klasse – eine kleine Gruppe, die Politik unter sich ausmacht – scheint ihre Selbstbefriedigung im Ausüben von Macht zu finden und sich selber zu zelebrieren.

Wolfgang Koeppen hat schon früh das Ausgeliefertsein an den politischen Apparat beschrieben. Die Szene dafür liefert das Bonn der 50er-Jahre. Held seines Romans „Das Treibhaus" ist der Abgeordnete Felix Keetenheuve, ein aus dem Exil zurückgekehrter Journalist, der Ambitionen in der Friedenspolitik hat. Er wird vom Politikapparat benutzt und ist letztlich nur Spielball der anderen. Seine persönlich lauteren Absichten haben gegenüber Intrigen und raffiniert durchgesetzten Interessen keine Chance. Mit dem Satz „Der Abgeordnete war gänzlich unnütz, er war sich selbst eine Last, und ein Sprung von der Brücke machte ihn frei" endet der Roman resignativ.

Die dort beschriebenen Mechanismen gelten auch für das politische Berlin: Dazuzugehören gibt Macht. Macht verleiht Bedeutung, und darum geht es vielen. Gemeint sind nicht die Kommunalpolitiker, die mühsam ihren Job tun. Im Berliner Betrieb sieht man diese Klasse in einer eigenen Szene, in eigenen Klubs, wo sie ihre Konflikte austragen, ihre Intrigen spinnen, sich gegenseitig beklatschen oder aus dem Weg gehen. Es ist immer noch und stärker als früher eine geschlossene, selbstreferentielle Welt.

Kreißsaal – Hörsaal – Plenarsaal: Mit diesen Schlagworten werden Karrieren von Politikern, die vom Leben nicht viel mitbekommen, gerne karikiert. Doch so etwas gibt es tatsächlich: Menschen haben in den Parlamenten und Regierungen Verantwortung, die in ihrem Leben noch nie richtig mitbekommen haben, was den beruflichen und lebensnahen Alltag ausmacht, als Lernsituation und als Vorbereitung auf die Politik.

Trotzdem: Das sind ja größtenteils sehr begabte junge Menschen, die diesen Weg gehen und die viel Stress auf sich nehmen – und das nicht des großen Geldes wegen. Geld verdient man woanders schneller und leichter. Einfluss und Gestaltungsmöglichkeit kann man bekommen, wenn man Glück hat. Aber das ist mit hohem Zeiteinsatz und viel Knochenarbeit, mit Krafteinsatz und Fantasie verbunden. Wer das wegen des Geldes macht, ist sowieso auf dem falschen Dampfer. Und Anerkennung kann man sich auch anderswo holen, im Sport ebenso wie in der Wirtschaft. Man sollte also Menschen, die auf schwierigem Gebiet dringend benötigten Einsatz leisten, nicht dämonisieren. Wenn solches politisches Engagement pauschal desavouiert wird, scheitert unsere Demokratie.

In der Politik ist es nötig, Kontrolle zu organisieren, man muss versuchen, die geschlossenen Kreise aufzubrechen, in denen reflexartig dem einen Beifall geklatscht und der andere ausgebuht wird, nur weil er zu einem bestimmten Lager gehört. Wir müssen die Erdung der Politik mit der normalen Lebensrealität wieder sichern und mehr Menschen mit ganz unterschiedlichen Lebenserfahrungen zu einem solchen aufwändigen Engagement motivieren, wie die Politik es verlangt.

Ich selbst wollte nie Berufspolitiker werden, weil ich Angst davor hatte, in einen Sog hineinzugeraten, aus dem man schlecht wieder herauskann, wenn man seinen Beruf nicht verlieren will. Ich wollte Politik zusätzlich zu meinem Beruf ausüben. Das ist mir nicht gelungen. Seit ich 1971 Landtagsabgeordneter wurde, bis zu meinem Ausscheiden aus dem Amt des Bürgermeisters 2005, war Politik mein Beruf. Deswegen ist es nicht ganz unproblematisch, was ich jetzt sage: Ich meine, dass es in demokratischen Gesellschaften wie der unseren eine wachsende Zahl von Leuten geben sollte, die Auszeiten aus ihrer beruflichen Karriere nehmen und sich politischen Aufgaben stellen. Und eine zweite Hoffnung: Es sollte attraktive Ausstiegsmöglichkeiten geben. Diejenigen, die in der Politik so dringend benötigt werden, sollten auch so qualifiziert werden, dass sie jederzeit die Freiheit haben, zu sagen: Ich steige aus. Ausstiegsangebote könnten mit beruflichen Angeboten verbunden sein, damit Politiker als Sozialmanager, als Lehrer, Sozialarbeiter oder Anwälte ihre Erfahrungen weiter einsetzen und verbreiten können.

Oft werde ich gefragt: Was kann denn die Politik letztlich und wo sind ihre Grenzen? Nun ist klar: Wir leben nicht mehr in den Zeiten des Nationalstaats, in dem das Regierungshandeln alle wichtigen politischen Entscheidungen bestimmt hat. Politik ist darauf angewiesen, dass die Weltwirtschaft funktioniert und dass es im eigenen Land wirtschaftlich gut klappt. Diese Einsicht vorausgesetzt, stimmt es trotzdem: Politik ist auch heute noch eine Schlüsselaufgabe. Unsere arbeitsteilige, immer komplexer und damit unübersichtlicher werdende Gesellschaft verlangt eine öffentliche funktionierende Kraft, die Gefahren rechtzeitig erkennt, benennt und abwehrt, die Machtmissbrauch identifiziert und rechtzeitig verhindert, die dramatische Schieflagen im sozialen Gefüge erkennt und dagegenhält.

Gerade weil die Lage so komplex und so schwierig und für den einzelnen immer undurchschaubarer ist, brauchen wir eine durchsetzungsfähige öffentliche Hand und einen effizienten Staat, der Gefahren, die man allein nicht abwehren kann, begegnet.

Sicher, der Einfluss der Politiker ist geringer geworden. Man kann mehr bewegen, wenn man an den Geldhähnen der Großkonzerne sitzt. Aber es ist Unsinn, im Stil des 19. Jahrhunderts nach dem Nachtwächterstaat zu rufen, der sich aus allem herauszuhalten hat. Wer das tut, hat die Zeichen der Zeit nicht begriffen. Wir brauchen aus Überlebensgründen einen kompetenten und starken Staat. Natürlich muss er über Gewaltenteilung kontrolliert werden, durch eine kritische Öffentlichkeit und die Medien, durch ein demokratisch zusammengesetztes Parlament und eine unabhängige Justiz. Aber wenn er nicht mehr handeln kann, liefern wir uns aus: den stärksten Einzelinteressen, die – wie bei der Bankenkrise unübersehbar – im Wildwuchs nur ihr Geld und ihren Einfluss vermehren wollen und denen völlig egal ist, wer für die Folgen ihres Handelns aufkommt. In dieser Krise haben wir eine weltweite Verantwortungslosigkeit erlebt: Da wurden betrügerische Geschäfte gemacht ohne Rücksicht darauf, dass wir alle in den Abgrund gerissen werden könnten. Den Akteuren ist noch nicht einmal bewusst geworden, dass sie betrogen haben. Noch einmal: Wer das sieht und immer noch vom Nachtwächterstaat redet, der liegt gründlich falsch.

Politik heißt, sich sprechend und handelnd in die Welt einzuschalten, um Verantwortung für das gemeinsame Ganze wahrzunehmen. Als Demokrat kann man das nur mit anderen zusammen tun. Man kann nicht nur seinen eigenen Willen durchsetzen. Um konsensfähig zu werden, sind in immer neuen Verständigungs- und Legitimationsprozessen auch Kompromisse auszuhalten und die Gefahren einzugrenzen, die von den so genannten Durchmarschierern ausgehen, also von denen, die ausschließlich ihre eigenen Ziele durchsetzen wollen.

Aschermittwoch in Essen

Aschermittwochveranstaltungen sind in der Regel ritualisierte Haudrauf-Events, um politische Gegner zu prügeln und den eigenen Anhang hinter sich zu scharen. Das muss aber nicht so sein. Von der Arbeiterwohlfahrt in Essen war ich Ende der 80er Jahre, als ich noch Sozialsenator in Bremen war, eingeladen worden, zu sozialpolitischen Grundsatzfragen zu sprechen. Während der Zugfahrt las ich den Text, den mir ein Mitarbeiter aufgeschrieben hatte – und hatte meine Bedenken wegen des Publikums. Zu solchen Veranstaltungen kommen in der Regel Menschen, die man nicht mit Theorien überfordern sollte. Die interessieren sich nicht dafür. Man kommt, weil man sich mal wieder trifft und es da etwas zu essen gibt, kurz: Mir war nicht recht wohl mit meinem elaborierten Text. Was tun? Ich bin damals zwei Stunden zu früh am Essener Bahnhof angekommen und entschloss mich, zu Fuß zu gehen. Quer durch die Stadt, zum Veranstaltungsort. Essen ist eine sozial gespaltene Stadt: im Norden kommt man durch soziale

Brennpunkte, in denen man den sozialen Stress richtig-gehend riechen und fühlen kann. Und es gibt die sozial „besseren" Gegenden im Süden, wie das großbürgerliche Bredeney, wo die prunkvollen Industriellenvillen liegen. Um meinen Weg zu finden, fragte ich mich durch. Hier, im Essener Norden, waren durchweg einfache Leute zu Hause, Arbeiter, Rentner, Ausländer. Weil ich Zeit hatte, fing ich an, mit denen zu reden. Bei dem einen erkundigte ich mich nach dem Weg, einen anderen bat ich um ein Glas Wasser. Ein Jugendzentrum lag am Weg, in dem – am Aschermittwochmorgen – einige Jungs herumhingen, die wohl die Nacht durchgefeiert hatten. Ich kam ins Gespräch. Die erzählten mir, was hier lief und was nicht. Ich fragte sie nach ihrer Arbeit und nach der Schule, und sie erzählten mir von ihrer Suche nach Ausbildungsstellen und nach ei-nem Job; es gab eine ganze Reihe von ihnen, die weder das eine noch das andere hatten. Und am Ende erzählten sie mir, wie schwer es sei, an Mädchen heranzukommen, die wollten immer etwas Besseres, mit Geld allein käme man da auch nicht recht weiter, und dass sie Schwierigkeiten hätten, sich in solchen Situationen sprachlich auszudrü-cken. Ich sagte ihnen: Ihr kommt immer als Horde, das schätzen die nicht so. Wenn acht so wilde Gesellen ankom-men, würde ich als Mädchen auch weglaufen. Sie erzählten von Schwierigkeiten, in bestimmte Diskos hineinzukom-men, und wo sie kürzlich rausgeworfen worden waren. Un-ser Gespräch wurde immer vertrauter und offener.

Dann zog ich weiter und sprach eine Frau an, die mit beiden Armen aufgestützt aus dem offenen Fenster schaute und die Straße beobachtete, offensichtlich eine Auslände-rin. Nachdem sie mich über den Weg informiert hatte, fragte ich sie nach den Kindern, ob sie noch in der Ausbildung seien, ob sie sich hier wohlfühlten, ob sie wieder nach Hause wollten. „Nix", sagte sie, „wir haben unser Zuhause aufgegeben, die Kinder kennen meine Heimat gar nicht mehr, die hängen richtig so dazwischen."

Dann kam ich an einem Haus vorbei, in dem anscheinend abgestürzte Alkoholiker saßen, am Morgen schon, vielleicht vierzehn, fünfzehn Männer: „Was machen Sie denn hier?", fragten die mich. „Ich muss zur AWO und denen was über eure Stadt erzählen, aber ich habe noch Zeit. Erzählen Sie mir doch, was hier so los ist, damit ich das denen weitererzählen kann, da kommt auch der Oberbürgermeister und der Sozialdezernent hin." Ich bekam viel zu hören. Es fing an, mir Spaß zu machen, und je weiter ich kam, desto klarere Konturen bekam mein Bild von Essen.

Ich passierte eine riesige Industriebrache, offensichtlich ein ehemaliges Stahlwerk, und ich sah auf einer Bank drei Alte sitzen, die, wie sich schnell herausstellte, hier einmal gearbeitet hatten und sich jeden Morgen da trafen, wo sie ihre besten Jahre verbracht hatten. Da fühlten sie sich, als ob sie noch bei der Arbeit wären. Zu denen rückte ich auf die Bank und wir haben geredet und geredet – wie es früher war, wie viele Arbeiter beschäftigt waren, ob das gesund war und dass die jungen Leute alle wegziehen würden. Zu manchem, was ich wissen wollte, konnten sie keine präzisen Informationen geben, aber klar war: Die Arbeit war ihnen wichtig gewesen. Ich erfuhr immer mehr.

Schließlich machte ich noch an einem dieser typischen Ruhrgebietskioske halt, einem Büdchen aus Holz, wo man Schnaps und Zigaretten und ein paar andere einfache Dinge kaufen kann, und der Mann hinter dem Tresen war schnell Feuer und Flamme und legte richtig los: „Sagen Sie diesen Leuten mal, was hier wirklich Sache ist, die ken-

nen uns doch gar nicht, die sind doch sonst nur zu Show-
zwecken unterwegs!" „Ich werde mir alles genau merken",
versprach ich ihm.

Nach zwei Stunden war ich bei der AWO. Der OB in
einem dunkelblauen Anzug grüßte etwas von oben herab,
nach dem Motto: Schön, dass du dich mal zu uns traust.
Dann ging ich herum und begrüßte die sozialdemokratische Oberschicht, alle geschniegelt und in feinen Anzügen –
ich hatte auch einen an! –, die Stadträte und Landtagsabge-
ordneten, die Vertreter der großen Unternehmen. Und
dann, in einer eigenen Gruppe beisammenstehend, die
Frauen, die aus lauter Anhänglichkeit hergekommen waren, weil ihre verstorbenen Männer früher auch dabeigewe-
sen waren, in frisch gebügelten Blusen, die geerbte Kette
umgebunden. Schließlich war da noch eine ganze Reihe
Hauptamtlicher, die als Sozialarbeiter oder Helfer in
schwierigen Positionen sind, mit denen sich die in der sozialdemokratischen Regierung schmücken, die sie aber in der
Regel nicht richtig unterstützen und denen immer die Mittel für ihre Arbeit fehlen und die von Projekt zu Projekt
leben – alles Leute, die keinen Schmus ertragen, sondern
klare Kante wollen.

Dieser sehr bunt gemischten Gesellschaft sagte ich
jetzt: Ihr könnt mein kluges, von Mitarbeitern zusammen-
gestelltes Manuskript gerne drucken, aber ich will euch
jetzt erzählen, was ich in den letzten zwei Stunden in eurer
Stadt erfahren habe. Da wurde es sehr still im Saal. Ich sor-
tierte natürlich meine Eindrücke, aber die Schlaglichter auf
die Alltagsrealität ihrer eigenen Kommune waren sehr konkret. Ich klagte weder über die Fehler der Konservativen
noch lamentierte ich über die Problemblindheit des Kapita-
lismus. Ich spiegelte ihnen nur, was ich erlebt hatte: „Wir

reden hier nicht über andere, sondern über euch selbst. Und zwar nicht abstrakt. Ihr segregiert, ihr lasst die Menschen ja allein, da gibt es Ghettos mitten in eurer Stadt. Und so und so werdet ihr von unten gesehen." Kein Widerspruch. Keine Proteste.

Die Elmers-Sippe

Mein Interesse für „die da unten" hat eine lange Vorgeschichte. Ich wollte immer schon mal ein Buch über eine Bremer Sippe im so genannten Asozialenmilieu schreiben. Leider habe ich es nie zustande gebracht. Diese so genannte Elmers-Sippe umfasst inzwischen über 600 Menschen. In der Weimarer Republik waren sie in einer Schlichtbausiedlung untergebracht worden. Da steckte man unzumutbare Mieter hin, die Holzfußböden und Türen verfeuerten und die Bäume im Garten umschlugen und in den Ofen steckten. In der Nazizeit war dann ein Zaun um diese Siedlung gezogen, sie war abgesperrt wie ein Lager. Pfosten aus dieser Zeit kann man heute noch sehen. Hier also lebt die Elmers-Sippe. Ich erinnere mich noch genau, wenn wir als Kinder mit unserem Vater zu unserem Paddelboot gingen und Mutter Elmers vor ihrem Häuschen saß. Sie hatte 23 Kinder, und wenn mein Vater sie scherzend fragte: „Sag mal, hast du die Kinder alle von *einem* Mann?", dann drohte sie ihm, nicht ernsthaft natürlich. Mit einigen von ihren Kindern war ich in der Grundschule, einer war in meiner Klasse. Ich war mit ihnen befreundet und immer wieder auch zu Hause bei ihnen eingeladen. Die Mädchen bekommen hier mit 15 Kinder. Die Männer werden im Alter von 14, 15 kriminell – allerdings gibt es den Ehrenkodex, dass man sich nicht gegenseitig beklaut –, und wenn sie dann heiraten, werden sie seriös. Die Männer haben das Geld anzuschaffen, das Sagen haben die Frauen. Ein Sozialarbeiter, dessen Engagement ich sehr bewunderte, hat in diesem Viertel einen Kindergarten aufgebaut, später auch ein Erwachsenenzentrum eingerichtet. Als ich ihn später aufgrund seiner ausgezeichneten Arbeit befördern wollte, hat er sich gewehrt. Er wollte dableiben. Später haben wir die Häuser privatisiert, indem wir die Miete in Finanzierungsbeiträge umwandelten. Die Elmers-Leute wurden dann Hausbesitzer, übernahmen plötzlich Verantwortung, bauten sich selbst das Dach aus oder legten den Garten an. Damit haben wir auch die Qualität dieses Quartiers stark gehoben.

Mir hat es diese große Sippe angetan. Ich wollte ihre Geschichte aufschreiben, weil dieser sozialpolitische Brennpunkt von der Weimarer Zeit bis zum Nachkriegsdeutschland auch über die Entwicklung unserer Stadt etwas sagte. Der Leiter des Sozialamts wollte mich unterstützen, und auch die Sippe selbst wollte das: „Henning, wie weit bist du?", fragten sie immer.

Bei ihnen habe ich gelernt, was in unserer Sozialarbeit schieflief: Es waren teilweise neun verschiedene Ämter, die sich mit den Problemen dieser Familien beschäftigten. Die konnten davon ausgehen, dass diese Ämter dienstlich nicht miteinander kooperierten und erzählten jedem von ihnen eine andere Geschichte – und wussten dabei genau, wem sie was erzählt hatten. Die Ämter waren diesen Schlitzohren nicht gewachsen. Die spielten sie gegeneinander aus. Um ihnen als Amt ein richtiges Gegenüber und keine Karikatur zu sein, mussten wir uns also anders organisieren. Die Essener Episode hatte diese Erfahrung aus der eigenen

Stadt als Vorgeschichte. Mir war klargeworden: Wenn man die Perspektive wechselt und die Welt nicht aus dem Blickwinkel einer Theorie oder aus der Perspektive der organisierten Ämter sieht, also von oben, sondern sie stattdessen von unten, aus dem Blickwinkel der Betroffenen, betrachtet, dann kommt man zu neuen Einsichten.

Bei den Hausbesetzern

Anfang der 80er-Jahre – ich war Sozial- und Jugendsenator – hielt die Stadt wochenlang den Atem an, weil im Ostertor – die Bremer nennen das liebevoll „unser Viertel" – ein ganzes Quartier von Häuserbesetzern belegt war. Sie wollten verhindern, dass im großen Stil abgerissen und modernisiert würde. Sie verbarrikadierten sich, umgaben sich mit Fässern und behaupteten, darin hätten sie Benzin und Sprengstoff. Die Polizei wollte das Quartier stürmen, weil man befürchtete, dass sich dort gewaltbereite Sympathisanten der RAF versteckten. Ich bin dann trotz der sich hochschaukelnden Ängste zu den Hausbesetzern hingegangen. Wir haben bis in die Nacht diskutiert. Als die Polizeiaktion drohte, bin ich sogar über Nacht dort geblieben. Schritt für Schritt haben wir dann, Haus für Haus, mit einvernehmlichen Lösungen sanieren können. Der öffentliche Ärger legte sich. Heute ist dieser Teil „unseres Viertels" voll integriert. Ich bin sogar einmal im Anschluss an eine Justizministerkonferenz mit Kollegen und deren Mitarbeitern spätabends in das Besetzercafé gegangen. Wir haben über die früheren beiderseitigen Ängste gelacht und uns gefreut, dass jetzt keiner mehr in dieser bunten Gesellschaft sich vor anderen verstecken muss.

Das Ende des Atomzeitalters oder Wir müssen unser Leben ändern

Warum Politik? Etwas zu tun für die Freiheit bedeutet Arbeit und Anstrengung. Wenn ich mir klar darüber werde, wie sehr Freiheit bedroht ist, muss ich mich mit anderen verbünden. Gelegentlich gelingt dann gemeinsam etwas. Nicht immer. Manchmal kommt das Resultat später. Es braucht dafür beides, Leidenschaft und Gelassenheit. Die Atomdebatte hat das gezeigt.

Der Reaktorunfall von Fukushima war eine Zäsur. Was in Japan in den Märztagen 2011 passiert ist, war die Götterdämmerung, von der ich geahnt habe, dass sie uns bevorsteht und von der ich gehofft hatte, dass sie uns erspart bleibt. Seit das passiert ist, fällt mir Tag und Nacht ein, was wir in dieser Atomdiskussion seit den 70er-Jahren gemacht haben. Ich erinnere mich an den 26. April 1986: der GAU von Tschernobyl. In Bremen gab es Demonstrationen vor dem Parlament. Plötzlich fing es an zu regnen und die Menschen flüchteten vor dem radioaktiv verseuchten Niederschlag in den benachbarten Dom. Der Diakon, so wird der für den Dom verantwortliche ehrenamtliche Kirchenvorsteher in Bremen genannt, wies in dieser Situation seine Küster an, die Menschen, die sich in die Kirche geflüchtet hatten, aus dem Dom zu entfernen und das Gotteshaus zuzusperren. Das empfand ich nicht nur als unchristlich, sondern als empörend, als unmenschlich. Wir öffneten daraufhin das Rathaus, um den Menschen Schutz zu gewähren.

Es war der Bremer Kaufmann Hans Henry Lamotte, der damals Bauherr der St. Petri-Domgemeinde, also amtierender geschäftsführender Vorstand der Kirchengemeinde war – evangelische Kirchengemeinden werden ja von

Laien geführt. Mit ihm habe ich später, kurz vor seinem Tod 2003, über das, was damals passiert war, lange Gespräche geführt, und er hat das als großen Fehler und als Schuld begriffen. Er wollte eine Politdemonstration im Raum der Kirche verhindern. Dabei ging es um die nackte Angst von Menschen.

Schon in den frühen 70er-Jahren, lange vor der Gründung der Grünen, bekam ich mit, dass die Nutzung der Atomenergie eine brandgefährliche Sache ist: „Heller als tausend Sonnen", so hieß das Buch, das Robert Jungk zu diesem Thema geschrieben hatte. Als wir zusammen mit Freunden wie Freimut Duve – der dazu viele Autoren für den Rowohlt-Verlag edierte – begannen, die Risiken zu thematisieren, wurden wir in der eigenen Partei niedergemacht: von Wirtschaftspolitikern genauso wie von Gewerkschaftern. Denen galten wir als typisch bürgerliche und wirtschaftsferne Intellektuelle, ohne jede Ahnung davon, wo der Mehrwert herkommt. Der erste, der uns ernst nahm, war Otto Brenner von der IG Metall. Schon 1968 hatte er gesagt: „Nicht Ruhe, nicht Unterwürfigkeit gegenüber der Obrigkeit ist die erste Bürgerpflicht, sondern Kritik und ständige demokratische Wachsamkeit." Auf dieser Basis haben wir uns verstanden.

Über dem Streit um die Wiederaufbereitungsanlage von Kalkar ist mir damals Klaus Traube zum Freund geworden, der 1972 den als „Schnellen Brüter" bezeichneten Kernreaktor entwickelt hatte und 1976 entlassen wurde. Nach einem „Lauschangriff" des Verfassungsschutzes auf ihn, den Atom-Manager, der zum Atom-Kritiker wurde, musste der Bundesinnenminister zurücktreten. Traube brach aus einer Karriere in der Atomindustrie aus, seit er durch den Club-of-Rome-Bericht Zweifel am allgemeinen

Fortschrittsoptimismus und speziell an der Kernenergie bekommen hatte. Als Atom-Manager sah er aus der Nähe, wie die Kosten der Kernenergie aus dem Ruder liefen und die Risiken trotzdem unkontrollierbar blieben. Traube hat dann bei uns in Bremen das erste energiewirtschaftliche Institut an einer Uni gegründet.

Wir hatten keinen Erfolg mit unseren Kämpfen: Weder gegen das Verdrängen bei den einen kamen wir an noch gegen den Optimismus des „Wir schaffen das schon" bei den anderen. Später kam noch die CO_2 Problematik dazu, und die Kernkraft galt als die saubere und ökologisch verträglichere Alternative zu den fossilen Verbrennungsenergien.

Mir gingen in diesen Konflikten natürlich auch Selbstzweifel nicht aus dem Kopf: War ich zu zaghaft? Zu zukunftsängstlich? Hatten wir ein Recht, zu verlangen, dass zunächst alle Risiken analysiert werden, bevor man sich auf eine solche Technologie einließ? Es gab Vorwürfe, ich würde mich nur wegen des Wettlaufs mit den Grünen mit dem Thema beschäftigen. Wie sicher war meine Überzeugung, man dürfe hier nicht einfach „durchmarschieren" – obwohl doch genügend andere Länder dabei waren, diese Form der Energiesicherung zu nutzen? War es vielleicht doch sinnvoll und richtig, anderen zu zeigen, dass man in Deutschland sicherheitstechnisch vorbildlich mit den Risiken umgeht? Fragen über Fragen. Dann passierte die partielle Kernschmelze im März 1979 im Kraftwerk Three Mile Island bei Harrisburg, im technikeuphorischen Amerika. Und dann, am 26. April 1986, der GAU von Tschernobyl. 25 Jahre danach Fukushima.

Japan ist ein Land, das für Hochtechnologie und Sicherheit steht. Wer, wenn nicht diese Industrienation, hätte das Ganze denn kontrollieren sollen? Fukushima war nicht nur eine Katastrophe für Millionen von Menschen, die einer entfesselten Energie ausgeliefert waren, die noch viel zerstörerischer war als die Bombe, die über Hiroshima und Nagasaki 1945 niedergegangen war: Fukushima ist das Ende des Atomzeitalters. Es ist das Ende, auch wenn es neben totalitären Staaten, die weitermachen werden, Menschen in westlichen Ländern gibt, die diese Technologie weiterführen wollen, weil sie glauben, damit die gewohnte Wirtschaftsstruktur verteidigen zu können. Man löst sich nicht gerne von eigenen Überzeugungen, auch wenn man sieht, dass die Warner Recht behalten haben, über die man sich mit Spott und Häme jahrzehntelang erhoben hat.

Die Bedrohung der atomaren Wolke verschwindet nicht im Weltraum. Sie hält sich in der Atmosphäre und wird die Erde wieder in Millionen gefährlicher Partikelchen erreichen. Das verändert alles. Über Nacht ist alles obsolet geworden, was an Für und Wider über Jahrzehnte in der Schwebe blieb.

Fukushima hat Konsequenzen. Wir müssen unser Leben ändern. Es darf nicht mehr das schnelle Geld die oberste Maxime des Wirtschaftens sein. Es kann nicht länger sein, dass einige gierige Hasardeure das Gesamte gefährden. Und auch für die gesamte moderne Lebenswelt gilt: Je entwickelter Forschung und Technik sind, desto konsequenter müssen auch die Folgeabschätzungen vorangetrieben werden. Diese Analysen müssen mit der gleichen Anstrengung forciert werden wie die Forschung selbst.

Wir leben mit technischen Möglichkeiten, deren Risiken unabsehbar sind. Die Dinge können außer Kontrolle geraten. Es war in Japan ja eine riesige Naturkatastrophe, die zur großen Nuklearkatastrophe von Fukushima geführt hat. Die Schöpfung selbst steht auf dem Spiel, wenn wir einer Technik ausgeliefert sind, mit der man die ganze Welt auslöschen kann.

Nach Fukushima leben wir in der allerhöchsten Alarmstufe. Darüber kann man nicht mehr zur Tagesordnung übergehen.

Wie motiviert man junge Menschen, sich politisch zu engagieren?

Nach der Atomkatastrophe in Japan haben viele junge Menschen gesagt: Das kann nicht so weitergehen. Das darf nicht das letzte Wort sein! Es gab eine richtige Mobilisierungswelle: Wir wollen alles tun, damit so etwas nicht wieder passiert. Die Aufforderung, angesichts dessen in Parteien einzutreten, ist gut gemeint und richtig. Aber in der Mehrzahl der Fälle funktioniert das so nicht. Die Parteien sind damit aber nicht out. Sie können etwas Wichtiges tun: Beteiligungs- und Organisationsangebote geben, damit Jugendliche zum Beispiel in dieses lebenswichtige und auch komplexe Segment der Energiepolitik hineinkommen.

Jugendliche haben heute in der Regel Vorbehalte, sich dauerhaft auf den Alltag einer Partei einzulassen. Wie soll man damit umgehen? Ich sage denen: „Was ist euch so wichtig, dass es euch unter den Nägeln brennt? Wo sagt ihr: Das darf nicht einfach so weiterlaufen? Wenn ihr euch *darüber* im Klaren seid, wenn ihr diesen Punkt gefunden habt, wo auch immer – dann engagiert euch da auch. Und schaut euch nach Verbündeten um. Dann seid ihr richtig in der Politik!"

Das Buch von Stéphane Hessel, das nach seinem politischen Pamphlet „Empört euch!" erschienen ist, heißt: „Engagiert euch!". Hessel, Widerstandskämpfer, Diplomat, Lyriker, Überlebender des KZs Buchenwald, ist Jahrgang 1917! Wir brauchen beide: Junge und Alte. Und wir brauchen beides: Empörung und Engagement, Leidenschaft und Gelassenheit.

XIII

Alter – Wir brauchen neue Altersbilder

Leidenschaft und Gelassenheit – diese beiden Haltungen sind wichtig, wenn man sich in der Politik engagiert. So engagiere ich mich im Moment für die alten Menschen.

Bisher wurde das Alter von der Forschung und der Öffentlichkeit weithin defizitorientiert gesehen. Das hat Folgen für unser eigenes Verhalten – und für unsere eigene Zukunft. Wir brauchen andere Altersbilder. Die Medizinerin und Psychotherapeutin Luise Reddemann erzählt von einer Forschungsbeobachtung: Danach gingen Menschen, die sich – offensichtlich auf eher defizitorientierte Weise – mit dem Alter beschäftigten, anschließend langsamer und schleppender, eben so, wie man sich alte Menschen vorstellt. Unser Körper, so Reddemann, setzt die entsprechenden Imaginationen gleich um. Unsere eigenen Gedanken über das Alter, aber auch unsere gesellschaftlichen Bilder vom Alter sind jedenfalls nicht folgenlos. Wir müssen andere Formen schon jetzt imaginieren, um sie künftig zu leben. Wir müssen dazu nicht nur unsere Fantasie bemühen. Oft reicht schon die bloße Wahrnehmung.

Anna ist eine alte Freundin, 107 Jahre. Ich war zu ihrem 100. Geburtstag eingeladen, sie wollte damals für ihre Besucher im Pflegeheim, in dem sie wohnte, ein plattdeutsches Stück aufführen, das sie eingeübt hatte. Als wir dann kamen, war sie allein: „Meine jungen Mitspieler" (die waren alle um die Mitte 80), „liegen im Bett, die haben Angst vor euch und wollen nicht aufstehen." Als ich ihr sagte:

„Anna, du kannst uns doch nicht nach Hause schicken", hat sie mit ihren 100 Jahren das ganze Stück allein und auswendig deklamiert, hat ein paar Stühle hingesetzt, auf die sie sich abwechselnd setzte, je nach Rolle. Wir saßen da, Tränen der Begeisterung in den Augen, angesichts dieser Leistung der hundertjährigen Anna. Zu ihrem 107. Geburtstag hatte sie dann einen besonderen Wunsch: Sie wollte vierstimmig Schuberts „Lindenbaum" singen. Als ihr Hörgerät zu piepsen anfing, sagte ich: „Leg den Apparat weg." Das tat sie – und hat ihre Stimme auswendig gesungen. Wir haben uns in der Begleitung an ihr orientiert – und es klang! Wunderbar: eine 107-jährige!

Alter ist kein Honigschlecken

Natürlich ist Alter kein Honigschlecken. Ja, es gibt graue, dunkle und schwarze Abschnitte im Leben und natürlich auch im Alter. Meine Lebenserfahrung ist aber, dass diese schwierigen Lebenslagen besser zu meistern sind, wenn ich mich auf die vielen positiven Möglichkeiten konzentriere. Die Angst vor dem Alter ist weit verbreitet. Und sie ist ein Vorurteil. Denn es gibt sie, die gelungenen Altersbiografien und nicht nur die Notsituationen. Ich bin interessiert an solchen gelungenen, spannenden Biografien mit dem Alter als einem Lebensabschnitt, in dem man noch lernen kann. Das möchte ich nicht nur für mich selbst erreichen. Wir brauchen viele Vorbilder für solche Lebensentwürfe. Wir brauchen viele selbstbewusste ältere Menschen, die ein selbstbestimmtes Leben führen. Das ist das beste Gegenmittel gegen Kassandrarufe. Ich möchte solche Biographien für möglichst viele erreichbar machen, damit die, die oft nicht richtig wissen, was da auf sie zukommt, sich in ihrem eigenen Leben davon inspirieren lassen.

Und ich spüre: Das geht. Ich beobachte ein Umdenken. Auch jemand wie Lothar Späth, dem man eigentlich immer mehr den Sinn fürs umtriebige Geschäftemachen unterstellt hat, entdeckt jetzt das Alter und hat ein Buch dazu geschrieben. Viele von uns lernen, anders mit dem Alter umzugehen, als das in überkommenen Altersbildern der Fall war, und das ist schön.

Auch die demographischen Kassandrarufe können mich nicht beeindrucken: Nicht die Gesellschaften mit den meisten Alten, sondern die kinderreichsten Gesellschaften auf der Erde sind zugleich die elendesten. Und umgekehrt: In industriell entwickelten Ländern ist die Lebenserwartung am höchsten und die Kinderzahl am geringsten. Daraus kann doch der Schluss gezogen werden: Die Überbevölkerungs-Bedrohung wird mit wachsendem Wohlstand beherrschbar werden.

Zukunft – bunt wie das Leben

Die alten Menschen haben auch eine gesellschaftliche und menschliche Aufgabe: Wir Alten sind eine Chance für die ganze Gesellschaft. Sie zu nutzen, kommt allen zugute.

Das neue Altersbild hat nichts mit dem Klischee des abgeklärten weisen Alten zu tun. Ich finde gerade die schrulligen Alten wunderbar. Manche werden wie die Kinder, und es schließt sich ein Kreis. Eine Freundin, die gerade 90 wurde und bei einer Clownsguppe mitmacht, ist bei ihrer eigenen Geburtstagsfeier als Clown aufgetreten, und man spürte richtiggehend ihre intensive Neugier auf das Leben. George Bernard Shaw hat einmal gesagt, dass Weisheit gerade die Bereitschaft bedeute, neue Erfahrungen zu machen.

Wenn ich erlebe, wie ein 85- oder 90-jähriger Mann über dem Umgang mit kleinen Kindern merkt: Ich bin ihnen noch ganz nahe; wenn er sich auf den Fußboden setzt und in Augenhöhe auf deren Ansprache eingehen kann und in der Lage ist, sich zu verständigen – dann mag man das vielleicht als Regression sehen. Aber es macht auch deutlich: Das Leben ist wie ein Bogen. Wir fangen ganz hilflos an und am Ende geht der Bogen wieder herunter und wir haben wieder elementare Interessen und Bedürfnisse, wie auch kleine Kinder sie haben. Wenn das gelingt, bin ich glücklich. Ich weiß, dass viele Menschen am Ende traurig und verbittert sind. Es gibt Altersdepression, Verzweiflung und es gibt viele, die beschließen: Wir leben nicht mehr weiter – und sie trinken und essen nicht mehr und sterben. Das ist Alltag und passiert jeden Tag überall. Aber es gelingt Menschen immer wieder, mit ihrer veränderten Lage umzugehen. Das möchte ich selbst auch. Und wenn man mir sagt, ich sei albern, dann ist mir das völlig egal. So etwas wünsche ich mir. Ich möchte nicht in ehrfurchtsvollem Respekt ergrauen und ich will auch nicht, dass alle still werden, wenn ich komme. Ich möchte gerne dabei sein und zwischen den Menschen sein und Spaß an fröhlichen und kindlichen Geschichten haben. Wir haben ein Kasperltheater zuhause – und ich habe schon gemerkt, wie das wirkt. Mit Puppen zu spielen, Handpuppen zu bewegen, mit ihnen zu hantieren und zu erleben, wie die Kinder auf die Figur reagieren und nicht mehr merken, dass man selbst redet – wunderbar.

Leben ist jetzt

Dass die Lebenszeit knapper wird im Alter, stimmt mich nicht depressiv. Ich kann Max Frisch nicht folgen, der beschreibt, wie der Frühling kommt und wie er geht, wie auch die anderen Jahreszeiten kommen und gehen, und der darüber melancholisch wird, wie die Zeit verrinnt. Das Stirb und Werde ist doch Ausdruck des Lebens! Wenn ich mit dem Fahrrad über das Land fahre, erlebe ich das: Ich freue mich über alles, was da wird und stirbt. Ich spüre die Knospen, die sich bilden, die Pflanzen, die aus dem Boden schießen und das Grau weggrünen: Das erinnert mich nicht an den Tod, sondern an das Leben. Daran möchte ich teilhaben, das ist schön. Ich leide nicht darunter, dass die Zahl der Möglichkeiten im Leben schrumpft, ich freue mich über die aktuellen Möglichkeiten, die ich nutzen kann. Die große Hochseesegeltour, die ich im Herbst vor mir habe, die kann meine letzte sein. Aber das ist mir nicht wichtig. Wichtig ist, dass ich sie jetzt wahrnehmen kann, dass die Segelfreunde mich mitnehmen. Und so geht es mir mit den Kindern oder den Enkelkindern, oder mit dem Haus oder dem Fahrrad. Leben ist immer jetzt, und ich kann mich wie ein kleines Kind auf Gegenwart einlassen und fröhlich dabei sein. Auch ein 20-Jähriger weiß doch nicht, ob er im nächsten Jahr leben wird. Dass da etwas schrumpft, ist nicht meine Sorge. Ich möchte einfach leben: die Tage, die ich habe, annehmen und nutzen können und die bunten Gelegenheiten nicht verpassen, die ich noch erreichen kann.

Alter ist kein Gefängnis und ich sehe es nicht als Eingrenzung. Es ist eine Eröffnung weiterer Möglichkeiten. Marie Luise Kaschnitz hat einmal gesagt: „Das Alter ist wie ein Balkon. Der hat zwar ein Gitter, aber man ist in der Höhe und hat einen weiten Blick." – So ist es!

Mittendrin – und etwas tun

Mit dem Thema Demenz habe ich mich früher, in meiner Zeit als Sozialsenator, vertraut zu machen versucht, indem ich von einer Alteneinrichtung zur nächsten gegangen bin. Ich habe einmal 23 Heiligabendveranstaltungen an einem 24. Dezember geschafft, ich wollte einfach allen Alten und Gebrechlichen in unserer Stadt das Zeichen geben: Ihr seid nicht allein. Von dieser Omnipräsenz habe ich Abstand genommen. Jetzt, wo ich mich schon über längere Zeit nicht dienstlich, sondern persönlich mit Demenz und Alzheimer beschäftige, wird mir die Situation dieser Menschen vertrauter. Ganz anders als damals.

Es geht mir heute nicht mehr nur darum, dass ich mich anderen zuwende, sondern ich lerne etwas über meine eigene Zukunft. Etwas, was mir möglicherweise selbst bevorsteht. Ich möchte nicht wie der Vogel Strauß den Kopf in den Sand stecken, sondern wissen, was da passiert. Ich möchte ausprobieren, immer wieder neu, und darüber lernen, ob man trotz Demenz noch beieinander bleiben kann. Die dramatische Persönlichkeitsveränderung, die da stattfindet, will ich nicht skandalisieren. Es ist eine dramatische Form des Alterns mit vielen fremden, zum Teil entsetzlichen Entwicklungen – wenn man etwa den anderen nicht mehr kennt. Trotzdem ist der Erkrankte eine Persönlichkeit, die

Hoffnung hat, die Ängste hat, auch Wünsche – und die einbezogen werden möchte.

Je länger ich mich damit beschäftige, desto mehr verschwindet bei mir die Angst vor dieser Erkrankung und umso neugieriger werde ich, was da wirklich passiert – vielleicht irgendwann mit mir selbst. Und umso bereiter bin ich, wenn es mir dann wirklich passieren sollte, das auch anzunehmen. Der erschreckte Blick auf diese Krankheit ist ja meist ein Außenblick. Aber es gibt nicht nur ganz unterschiedliche Verläufe, nicht nur einen geradlinigen Verlauf nach unten. Es gibt helle Momente, klarsichtige Augenblicke. Es gibt „Fenster" im Bewusstsein der Betroffenen und natürlich auch Kranke, die darüber reden können. Solche Menschen können beides zugleich sein: dramatisch verändert, aber auch noch erreichbar. Nicht immer, aber doch in erstaunlich vielen Fällen.

Und diese Erreichbarkeit möchte ich nutzen, damit nicht nur die Mediziner mit ihrer Medikamentenhilflosigkeit am Werk sind. Ich möchte die Gesellschaft, und meine nähere Umgebung, die Familien, die Nachbarschaft darauf einstimmen – dass sie versuchen, einander „trotzdem" zu erreichen. Natürlich begegnen mir auch Leute, die völlig verzweifelt sind und aufgegeben haben. Und natürlich kenne ich die Veröffentlichungen, die von einem ungeheuren Stress berichten: dass etwa unter den professionellen Pflegekräften jeder vierte im Verlauf eines Jahres den Dienst quittiert, weil er mit der Belastung nicht zurechtkommt. Aber es gibt eben beides: Ehepartner, die nicht mehr bei ihrem Mann oder ihrer Frau bleiben konnten und ihn in ein Heim geben mussten – und es gibt Menschen, die ihren Partner bis zum Ende gepflegt haben und gesagt haben: Auch ich habe vieles gelernt.

Ich habe mich verabschieden können und ich bin ihm nahe gewesen.

John Bailey hat einen wunderbaren Bericht geschrieben. Sein Buch „Elegie für Iris", über seine Liebe zu seiner Frau, der Dichterin Iris Murdoch, die an Alzheimer erkrankte, beschreibt, wie dieser hilflose Professor, dem jegliches Organisationstalent abgeht, der aber seine Iris nicht allein lassen will, seine Frau pflegt, obwohl er dazu gar nicht in der Lage ist. Er ist verzweifelt, schlägt sie sogar. Dann ist er wieder begeistert, er erfährt, wie die Krankheit ihre natürliche Güte, die er immer an ihr geliebt hat, sogar verstärkt. Wenn er in der Erzählung das vergangene Glück wieder beschwört, dann erlebt er es jetzt noch intensiver. Es ist nicht tragisch, sondern eher anrührend, frühere Charakterzüge auch in der Krankheit zu entdecken. Ehedem hatte seine Frau Steine vom Straßenrand gesammelt, jetzt als Kranke rettet sie Zigarettenstummel, trockene Blätter und zerdrückte Aludosen.

Arno Geiger hat im Bericht über seinen alzheimerkranken Vater „Der alte König in seinem Exil" Ähnliches beschrieben. Der alte Vater sagt dem Sohn jetzt erst, dass die Zeit, als die Kinder – also auch der Erzähler – klein waren, seine glücklichste Zeit war: für den Sohn eine ganz beglückende Botschaft. Arno Geiger fragt seinen dementen Vater: „Papa, weißt du überhaupt wer ich bin?" Und der antwortet, mit einer Handbewegung, fast schelmisch: „Als ob das so interessant wäre."

Nach einem Vortrag zum Thema „Anders alt werden" vor Medizinern in Heidelberg hat mir einer gesagt: „Wenn ich Ihnen zuhöre, habe ich den Eindruck, es ist richtig schön, dement zu sein." „Dann habe ich zumindest nicht alles falsch gemacht, wenn das so rüberkommt", war meine

Antwort. „Es macht keinen Sinn, die Menschen alle kopflos zu machen. Und wenn es manchmal etwas dick ausfällt – nicht so schlimm, das kriegen wir dann schon hin. Ich möchte nur, dass die Leute nicht Panik bekommen und ausreißen und nichts damit zu tun haben wollen. Es ist Zeit, die Perspektive zu wechseln und nicht nur auf die Katastrophe zu starren."

Da hat der Heidelberger Professor mir Recht gegeben.

Wir müssen die generalisierenden Katastrophenszenarien korrigieren. Es braucht Professionalität und Kompetenz in der Pflege, aber wenn Zuwendung und Liebe dazukommen, wird alles leichter. Es wäre schön, wenn es mehr Beispiele gäbe, die zeigen, dass auch eine solche Krankheit nicht das Ende der Gemeinsamkeit ist.

In Borgfeld betreibt die Bremer Heimstiftung eine Wohngemeinschaft mit zehn Plätzen für demenzerkrankte Menschen. Darum herum sind dorfartig noch andere Häuser, in denen alte Menschen selbstständig leben, aber auch junge Familien mit Kinder sieht und hört man da. Eine Grundschule ist in unmittelbarer Nähe. Hier wird ausprobiert, wie man, durch die Demenz hilflos geworden, trotzdem noch an der Gemeinschaft mit anderen beteiligt werden kann. Ich traf hier eine Frau, die ich kannte: Gertrud Schröder war mit Pflegestufe zwei eingeliefert worden und lebte in dieser neuen Umgebung plötzlich wieder richtig auf. Jetzt ist sie die Seele der Wohngemeinschaft, backt jeden Tag Kuchen nach ihren alten Rezepten, die sie in einem Buch aufgeschrieben und mitgebracht hat und bringt den Haushaltsschülerinnen, die als Hilfe kommen, bei, wie das geht. Sie hat die Spiele mitgebracht, die sie früher mit ihrem Mann gespielt hat und bringt sie jetzt den Mitbewohnerinnen bei. Sie ist, was ihre Fähigkeit angeht, die anderen Bewohner zu motivieren, für die Gemeinschaft attraktiver als die professionellen Helfer oder Animateure – weil sie eben dazugehört. Ich bin mit Gertrud Schröder auch zu ihrer früheren Nachbarin gegangen, die jetzt allein lebt: Mit dem alten Bürgermeister und einem selbstgebackenen Kuchen im Gepäck war sie hochwillkommen, und nachdem sie von ihrer Alltagserfahrung in dieser Pflegewohngemeinschaft erzählt hatte, fragte die alte Nachbarin: Warum bin ich eigentlich allein und nicht schon lange bei euch?

Wenn man davon ausgeht, dass es eine Million Alzheimerkranke gibt – 2030 werden es 1,5 Millionen sein –, scheinen zehn Pflegeplätze natürlich nicht viel. Aber ich weiß inzwischen von 900 solcher Pflegewohngemeinschaften. Zwei Drittel der Alzheimerkranken werden derzeit zu Hause gepflegt. Und Gottseidank entwickeln die freien Wohlfahrtsverbände – ob die Caritas in Köln oder das Johanneswerk in Bielefeld – inzwischen auch Strategien, wie sie diese Tendenz stärken können. Die klassischen großen Träger von Senioreneinrichtungen merken inzwischen, dass sie sich in ihrem Angebot für die Zwischenphase zwischen gemeinsamem Wohnen und Pflege in der letzten Lebensphase erweitern müssen. Ich glaube, dass diese Wohnformen eine Alternative sind zu den gigantischen Pflegeheimen auf der grünen Wiese. Für solche Alternativen will ich mich mit allen Kräften einsetzen.

Und gegen den Trend „Rendite vor Menschlichkeit" werde ich auch künftig entschieden kämpfen.

Mein großer Zorn – die Pflegeindustrie

Ich habe kürzlich eine von internationalen Immobilien-
investoren und -spekulanten in Auftrag gegebene Untersuchung aus London gelesen, die den Markt der Pflegeindustrie allein in Deutschland auf 50 Milliarden Euro
beziffert. Nirgendwo in der Welt, so die Spekulation, wird
den Investoren aufgrund der gesetzlichen Pflegekassen ga-
rantiert, dass das Geld auch wirklich kommt. Renditen
von über 10 Prozent sind in Aussicht gestellt. Das ist deswegen bedrohlich, weil diese Investoren von Pflege weder
etwas verstehen noch daran interessiert sind, dass bestimmte Qualitätsstandards eingehalten werden. Ob Alzheimer oder Demenz ist diesen Menschen völlig egal,
Hauptsache die Kohle stimmt. Auf der grünen Wiese entsteht eine große Einrichtung nach der anderen. Pleite-
gegangene Kliniken werden in Pflegeheime umgerüstet.
Dass man aus der schwierigen Lebenslage, in die altgewor-
dene, einsame Menschen mit Demenz geraten, dass man
aus der Not überforderter und nicht vorbereiteter Angehö-
riger, die sich nicht mehr zu helfen wissen und ambulante
Unterstützungsstrukturen entweder nicht kennen oder
nicht erreichen, dass man also daraus ein Riesengeschäft
macht – das empört mich.

Alte Menschen werden hier als merkantil verwertbare Ren-
diteobjekte gesehen und behandelt. Da wird ein milliarden-
schwerer Markt ausgebaut und ausgeschlachtet, und die
Menschen, die Menschlichkeit bleibt auf der Strecke. „Die
Würde des Menschen ist altersabhängig", hat Claus Fussek,
ein Kritiker der Situation in den Pflegeheimen gesagt. Die
Angst, in solche Heime abgeschoben zu werden, hilflos zu

sein, hat einen realen Hintergrund, wenn Rendite vor Menschlichkeit geht.

Die Situation der Pflegeindustrie, wie sie in diesen Heimen offensichtlich wird, macht mich aggressiv. Ich würde am liebsten gegen einen dieser Pflegehaie einen öffentlichen Prozess führen, um die unglaublichen Dinge, die da hinter den Mauern passieren und alten Menschen angetan werden, publik zu machen und die Abschottung zu durchbrechen. Die alten Menschen sind eingeschüchtert, weil sie Angst haben, an die Luft gesetzt zu werden, die Angehörigen sind stumm, weil sie Schuldgefühle haben, und die Belegschaft hält den Mund, um nicht arbeitslos zu werden. Es geht darum, Renditen zu erwirtschaften und gegenüber konkurrierenden Pflegeanbietern Kostenvorteile zu gewinnen. Die Konsequenz: Es wird am Essen gespart. Es werden nicht ausgebildete Kräfte für 400 Euro in der Pflege eingestellt, oft aus dem Ausland, die dann nicht hinreichend mit den Menschen kommunizieren können. Die Pflege der Einrichtungen wird vernachlässigt. Es fehlen anregende Angebote für die alten Menschen: Das ist zu teuer, da muss der Fernseher genügen. Dabei können Demenzkranke mit den schnellen Fernsehbildern gar nicht richtig umgehen. Sie sitzen davor und schlafen ein. Die wenigen Male, die ich in solche Heime gekommen bin, hatte ich den Eindruck: Die klassische 19. Jahrhundert-Psychiatrie, als in den Landeskrankenhäusern auf trostlosen Fluren die Patienten saßen, die ständig mit dem Kopf nickten, um sich zu stimulieren, ist wieder da.

Nur selten geht einer an die Öffentlichkeit wie die Altenpflegerin Brigitte Heinisch aus Berlin, die ihre Vorgesetzten immer wieder auf die Personalknappheit hinge-

wiesen hatte, die eine ausreichende Versorgung der Heim-
bewohner nicht mehr zuließ. Ende 2004 erstattete sie Strafanzeige gegen ihren Arbeitgeber, wurde mit Billigung der
deutschen Justiz gekündigt und erst im Juli 2011 vor dem
Europäischen Gerichtshof für Menschenrechte in Straß-
burg rehabilitiert. In ihrer Strafanzeige hatte es geheißen:
„So werden Bewohner etwa nur einmal in der Woche ge-
duscht und müssen teilweise stundenlang in ihren Exkre-
menten liegen, bevor sie gewaschen werden und das Bett
gereinigt wird."

Was mich so zornig macht, ist die Verbindung von ge-
dankenloser Gleichgültigkeit und skrupellosem Geschäfts-
gebaren. Menschen denken oft genug: Hauptsache, die
Oma ist versorgt. Und sie wird dann in einem solchen
Heim „abgeliefert". Was dort aber stattfindet, ist eine inhu-
mane, von Kostenrationalisierung bestimmte industrielle
Entsorgung. Meine Lust wächst, heftig und scharf zu werden und Partei zu ergreifen für die, die sich nicht selbst verteidigen können. Wie soll ein 90-Jähriger, der in ein Loch
eingesperrt wird, sich wehren? Da geht es mir um einen
menschlichen Impuls, um Solidarität und Mitgefühl. Da
geht es darum, klar zu sagen, was nicht sein darf. Ich erlebe
und erfahre auch von Angehörigen oder Pflegern Dinge,
die Alten angetan werden, die mich so empören, dass ich
ständig Strafanzeigen stellen müsste.

Die Strafjustiz – die ich ja kenne – ist dieser Situation
nicht gewachsen. Man muss also Öffentlichkeit herstellen
und die geldgierigen Betreiber unter so großen Druck setzen, dass ihnen das Geschäft versaut wird.

Es geht auch anders

Aufsicht des Staats zu verlangen, ist eines. Es besser zu machen und einen eigenen Weg zu finden, ist freilich noch effizienter. Wichtig ist, dass man Alternativen entwickelt, die besser sind, und so den Renditespekulanten das Geschäft verdirbt, konkret: dass die zu Hause pflegenden Angehörigen gestärkt und durch ambulante Hilfen entlastet werden. Wir dürfen uns nicht nur auf die großen Einrichtungen verlassen.

Es geht. Heute schon verzeichnen wir zum Beispiel in Bremen einen Leerstand von zwölf Prozent bei geschlossenen Pflegeheimen, weil die Menschen kritischer geworden sind. Das ist ein positives Zeichen. Übrigens ist die deutsche Neigung zu Pflegegroßeinrichtungen auch international ein Solitär. Normal ist es keinesfalls, dass alte Menschen isoliert werden, sondern, dass sie in ihrer vertrauten Umgebung leben. Weder in Skandinavien noch in den Niederlanden, wo ich mich umgesehen habe, gibt es diese Pflegegroßinstitutionen, auch in Asien oder in Amerika nicht (wo es freilich die Alten-Ghettos gibt).

Kleinere Häuser, die noch dazu in die Nachbarschaft integriert sind, kennen diese Probleme offensichtlich nicht so. Hier sind auch Freiwilligendienste eine wichtige Stütze für die alten Menschen. Deshalb engagiere ich mich für überschaubare, in die Nachbarschaft integrierte Projekte. Wir haben in unseren Städten genügend leer stehende Häuser, die für solche Zwecke von den Kommunen angeboten werden können. Entscheidend ist, dass sich Leute finden, die den Mut haben, so etwas zu organisieren, die andere Menschen zum Mitmachen gewinnen und die den bürokratischen Aufwand auf sich nehmen. Ich kenne ambulante freie Pflegedienste (von denen es allein in Bremen über 200 gibt), die den Wohngemeinschaften anbieten, nicht nur die Pflege, sondern auch den ganzen bürokratischen Aufwand zu übernehmen, die Finanzierung, die Abrechnungen mit den Kassen, die Kontakte zu den medizinischen Diensten etc. Oft sind das Krankenschwestern oder Altenpfleger, die sich selbstständig gemacht haben. Ich halte das für einen guten, zukunftsweisenden Weg.

Wieso ich die Lösung der Misere nicht darin sehe, den Staat als Aufsichtsinstanz anzurufen? Da werden die bürokratischen Hürden noch höher, da werden Zeiten (in Minuten) festgelegt, die aufs Waschen oder Kämmen verwendet werden dürfen und man quält damit gerade die, die sich um die Menschen kümmern wollen.

Um solchen Konsequenzen der Bürokratie zu entgehen, bin ich auch strikt dafür, dass das, was wir in meiner Wohngemeinschaft machen, ohne öffentliche Mittel realisiert wird. Wir wollen auch nicht, dass ein staatlich beauftragter medizinischer Dienst aufkreuzt (der aus beschäftigungspolitischen Gründen Fehler entdecken muss, sonst wird er wieder abgeschafft) und sagt: Ihr macht etwas falsch.

XIV

Todesangst

Ich kenne Menschen, die größere Angst vor Einsamkeit haben als vor dem Tod. Die Realität des Todes in den Alltag hineinzunehmen, ist weder leicht noch für alle selbstverständlich. Mit einem befreundeten Arzt, einem wachen und vitalen Mediziner, habe ich immer wieder über dieses Thema gestritten. Seine Position: Wenn es kommt, dann weiß ich was passiert. Aber bis dahin will ich nichts davon wissen. Kein Wort mehr davon! Der moderne Mensch – und dieser Freund hielt sich durchaus zu Recht für einen modernen Menschen – hat den Tod hinter sich gelassen. Dabei hat er ihn nur verdrängt und will seine Realität nicht wahrhaben. Er betrügt sich. Er macht sich etwas vor. Er fantasiert sich ein Leben zusammen, das so nicht wirklich ist. Das ist das Gegenteil von aufgeklärt. Aufklärung bedeutet in diesem Fall: Vertrautwerden mit der unabänderlichen Wirklichkeit des Todes, die uns alle betrifft.

Ich selber habe weniger Angst vor meinem Tod als davor, dass meinen Enkelkindern etwas Schreckliches passiert. Mit meinem Tod habe ich mich seit langer Zeit vertraut gemacht. Ich habe schon früh die Bücher des amerikanischen Schriftstellers Thomas Wolfe gelesen. Er ist gestorben an dem gleichen Tag, an dem ich geboren wurde. In seinem aus humanistischer Perspektive geschriebenen Buch „Tod, du stolzer Bruder" wird unser Lebensende nicht als etwas Katastrophales, sondern als eine Notwendigkeit beschrieben: So ist es. Wir werden alle sterben. Das nicht zu akzeptieren, wäre töricht. Man muss sich mit ihm vertraut machen. Ich habe dieses Buch als siebzehnjähriger Schüler gelesen und war beeindruckt. Vielleicht liegt es auch an der Erziehung, an den religiösen Vorstellungen, unter denen ich groß geworden bin. Unser Pastor hat uns schon in den Kindergottesdiensten immer den Karfreitag – und nicht die Auferstehung – als das wichtigste Ereignis der Heilsgeschichte vorgestellt. Und dann war da der Krieg, der den Tod als Realität in unser Leben brachte.

Es ist keineswegs so, dass alle todunglücklich sind, die sterben. Immer wieder begegne ich Menschen, die den Tod annehmen und auch richtig Abschied nehmen. Das hat nichts mit Sterbehilfe zu tun. Sie essen nicht mehr, trinken nicht mehr – und „gehen" einfach. Es ist ihre Entscheidung, so als wollten sie sagen: „Ich will mich nicht dagegen wehren. Ich bin an den Punkt gekommen, wo es genug ist. Ich habe mein Leben gelebt, ich gehe es noch einmal durch, rede auch noch einmal darüber und schließe es ab."

Ob ich mein Sterben annehme, hat damit zu tun, ob ich auch mein Leben annehme. Wer immer nur weggelaufen ist vor seinen Möglichkeiten – auch wenn sie bescheiden waren –, hat sich etwas vorgemacht, der kann auch seinen Tod nur schwer annehmen. Aber vor dem Altern und dem Sterben sollte man nicht weglaufen. Wer sich vom Schönheitschirurgen das Alter wegoperieren lassen will, der ist nicht souverän, sondern feige.

Manchmal lese ich Todesanzeigen, aus denen hervorgeht, dass alte Leute, Mann und Frau, unmittelbar nacheinander gestorben sind, im Abstand von zwei, drei Tagen. Da stirbt der erste, vielleicht Mitte 90. Und dann beschließt der andere: Ich will nicht mehr leben. Sein Leben ist durch den Tod des anderen faktisch auch zu Ende gegangen.

Natürlich gibt es auch Spektakuläreres: Menschen, die den Tod nicht annehmen, sondern ihn auch herbeiführen und sich selbst das Leben nehmen. Der französische Sozialphilosoph österreichischer Herkunft, André Gorz hat über den gemeinsamen Suizid mit seiner Frau ein Buch geschrieben: *Brief an D. Geschichte einer Liebe.* Daraus spricht eine ganz große menschliche Nähe zwischen Menschen, die im Leben alles geteilt haben und die Angst haben, dass einer allein bleibt. Gert Bastian, der die todkranke Petra Kelly, die Frau, die er liebte, erschießt und dann sich selbst umbringt – ein anderes Beispiel. Hinter solchen Grenzsituationen steht große menschliche Not, die ich – wenn man einen juristischen Begriff verwenden wollte – für so etwas wie übergesetzlichen Notstand halte. Solche Situationen entziehen sich einer Bewertung von richtig oder falsch.

Wie ich sterben möchte

Charles de Gaulle wurde einmal gefragt, wie er sterben wolle. Seine Antwort: „lebend". Der Tod ist Teil des Lebens. Ich möchte jeden Tag, den ich leben darf, auch wenn es noch so schwer ist, annehmen können. Und wenn es ans Sterben geht, möchte ich da sterben, wo ich gelebt habe. Ich möchte, dass die Menschen, mit denen ich die Jahre zuvor verbracht habe, mich nicht allein lassen, sondern dass sie um mich herum sind. Ich möchte gerne, dass Kinder um mich sind, auch wenn ich sie vielleicht nicht mehr höre oder nicht mehr verstehe. Ich möchte gerne, dass da Licht ist – also nicht bei verhängten Fenstern im Bett liegen. Ich möchte kein Adagio hören oder sonstige inszenierte Verlangsamung. Es soll so viel Leben um mich sein wie möglich. Vor Schmerzen habe ich keine Angst, weil ich die Palliativmedizin und deren erstaunliche Wirkungen kennengelernt habe. Ich habe nur Angst, dass ich alleingelassen werde. Wenn ich diese Angst überwinden kann, möchte ich die letzten Stunden annehmen können. Ich bin gespannt, was dann passiert. Wie es aufhört, weiß keiner genau. Ernst Bloch, der nicht an die Auferstehung oder an ein Jenseits im christlichen Sinn glaubte, hat gesagt: Das einzige, was mich noch interessiert, ist mein Tod.

Meine Hoffnung ist, dass ich mein Leben auch im Tod annehmen kann. Natürlich redet es sich anders darüber, wenn man keine Gebrechen hat und noch mit einem langen Leben rechnet. Und trotzdem habe ich nicht nur meine Patientenverfügung gemacht und niedergelegt, was mir wichtig ist, sondern ich rede über dieses Thema immer wieder. Jetzt schon, mit meiner Frau, mit meinen Kindern oder mit Freunden.

Zwar heißt es: Den letzten Weg geht jeder allein. Vielleicht ist das ein Trotzspruch, nach dem Motto: Macht euch nichts vor – keiner wird euch begleiten. Ich habe es bei meiner Begleitung sterbender Menschen aber so erlebt, dass sie über die Nähe anderer froh waren, auch wenn man nicht mehr miteinander reden oder sich verständigen konnte. Sterben ist eine milliardenfache Realität, und immer wieder anders. So wie Menschen immer auch unterschiedlich gelebt haben. Natürlich gibt es auch die verzweifelten Kämpfe und das Sichaufbäumen. Doch ich habe erfahren: Diese Nähe und die Erfahrung des Beieinanderbleibens in dieser Situation hilft, Abschied zu nehmen. Das vertraute Teilnehmen hat keine Verzweiflung aufkommen lassen. Der Tod wurde erträglicher. Einen Menschen in den Arm zu nehmen, dessen Atem immer leiser wird

und plötzlich in dieser Nähe zu spüren: Jetzt hat er es geschafft! Da käme ich nicht auf die Idee zu sagen: Du bist
allein gegangen. Auch wenn es viel zu früh war und der Be-
treffende gerne weitergelebt hätte.

Keine Revolte

Die Haltung der Revolte gegen den Tod als das Urübel der
Welt gibt es natürlich. In Todesanzeigen finde ich sie
manchmal: den Aufschrei, den Protest, die Frage nach
dem Warum. Die Theodizeefrage begleitet die Geschichte
der Menschheit: Warum starben unschuldige Kinder im
KZ? Warum müssen bei Naturkatastrophen Massen un-
schuldiger Menschen den plötzlichen Tod erleiden, ohne
die Chance, bewusst aus dem Leben zu gehen? Dahinter
steht nicht eine lästige Frage, die man am besten umgeht.
Ich suche nach Wegen, mit dieser uralten Frage nach dem
Sinn des Todes umzugehen. Ein Weg ist für mich die Einsicht, dass niemand dem Tod entgehen kann. Dass wir alle
nur befristet leben und, ausnahmslos, sterben werden, früher oder später. Keiner kann ausschließen, dass morgen der
letzte Tag ist. Es ist eine gegebene Realität, die wir nur annehmen können.

Eine Möglichkeit für mich ist, zu akzeptieren, dass wir
nur eine begrenzte Zeit auf der Erde leben. Und diese Zeit
zu nutzen. In unserem Wohnzimmer steht auf dem Flügel
eine kunstvoll geschnitzte Figur: ein Gerippe, das am Klavier sitzt. Wir haben dieses Skelett aus Mexiko mitgebracht.
Vermutlich gibt es so viele unterschiedliche und individu-
elle Arten zu sterben wie es Menschen gibt, und von dem
Umgang damit gilt das Gleiche. Es gibt Kulturen, wie etwa

in Südamerika, wo der Tod nicht verdrängt und tabuisiert, sondern mitten ins Leben geholt wird, in das Familienleben zum Beispiel. Am Todestag eines Angehörigen gehen die Menschen auf den Friedhof und essen am Grab, gießen auch etwas Wein auf das Grab, damit er auch präsent ist im gemeinsamen Mahl – sie fühlen sich dem Verstorbenen damit nah. Das war mir zunächst sehr fremd. Inzwischen denke ich: Auch so kann man mit dem Tod umgehen – indem man ihn als Teil des Lebens integriert. Und zwar nicht erst im hohen Alter, sondern zeitlebens.

XV

Wenn der weiße Flieder wieder blüht ...

Eine Geschichte aus einem Bonner Seniorenwohnheim: Eine 95-jährige Frau greift bei einer Musikvorführung für die Alten plötzlich selbst zum Mikrophon und fängt an zu singen: „Wenn der weiße Flieder wieder blüht ..." Andere summen, sind animiert, stimmen mit ein, singen mit. Und die alte Dame? Sie ist begeistert über ihren Erfolg. Sie plant jetzt, selbst Singabende zu organisieren. Sie wird die Sache selbst in die Hand nehmen. Ihr Leben sieht wieder ganz anders aus. Sie hat Pläne, sieht plötzlich auch wieder einen Sinn in ihrem Leben. Sie kommt selbst wieder zum Blühen.

Es passiert etwas mit meiner Seele, wenn ich in mir etwas Kostbares mobilisiere. Man muss den Menschen in solchen Situationen in die Gesichter schauen, man muss sehen, wie die Augen plötzlich strahlen. Dann merkt man, dass auch die schwache Gesundheit etwas sehr Relatives ist – weil aus dem Inneren etwas Schönes und Kraftvolles strömt.

Das habe ich schon oft erlebt.

Es gibt sie, die heilende Wirkung von Musik. Integration wird so möglich, auch Versöhnung. Das israelisch-palästinensische Orchester von Daniel Barenboim ist weltberühmt, in dem Jugendliche beider so lange verfeindeter Nationen miteinander spielen, aufeinander hören und in dieser aktiven Resonanz, die Musik hervorrufen kann, gemeinsam auch sozial und politisch etwas Produktives schaffen. Da wird es ganz offensichtlich und unüberhörbar: Liebe und Frieden gehen von der Kraft der Musik aus. Wer sie in sein Herz lässt, kann dadurch sogar den Hass überwinden. Barenboim erzählt, dass israelische Jugendliche sich schlicht nicht vorstellen konnten, dass es in Damaskus, Amman oder Kairo überhaupt Leute gab, die Viola spielen können. Und viele arabische Jugendliche hatten in ihrem Leben noch keinen jüdischen Israeli getroffen. Und wenn dann ein solcher arabischer Junge den Notenständer mit einem israelischen Cellisten teilt und wenn beide versuchen, das zu tun, was ihnen am Herzen liegt: dieselben Noten zu spielen, derselben Leidenschaft Ausdruck zu geben, gemeinsam denselben Klang zu erzeugen mit demselben Bogenstrich, dann geschieht das, was Musik vermag: „Nachdem sie einmal diese gemeinsame Note zustande gebracht hatten, sahen sie einander schon mit anderen Augen, schließlich hatten sie zusammen eine Erfahrung gemacht."

Wenn Kinder tanzen

Darum geht es: neue Erfahrungen zu ermöglichen. Die deutsche Kammerphilharmonie in Bremen, eines der besten Orchester der Welt, ist kürzlich mit Hilfe des Senats in ein wirkliches Problemviertel der Stadt gezogen. Die Gesamtschule Ost liegt in einem sozialen Brennpunkt. Drei Viertel der Kinder sind nicht muttersprachlich deutsch. Die Übungsräume der Kammerphilharmonie sind in deren Schulgebäude. Der Senat hatte kein Geld, um den Musikern aus dem Kulturetat die gewünschten Übungsräume zur Verfügung zu stellen und deshalb Mittel aus dem Schuletat umgewidmet. Exzellente CD-Produktionen entstehen jetzt also in der Gesamtschule Ost. Dieses Starorchester, das in allen großen Konzertsälen der Welt bei Aufführungen umjubelt wird, schafft es, in dieser Schule auch Kinder aus ganz schwierigen Verhältnissen zu erreichen. Ihr künstlerischer Leiter, der estnische Dirigent Paavo Järvi, ist 2010 als bester Dirigent der Welt ausgezeichnet worden. Ihre Beethoveninterpretationen sind in Tokio als wegweisend für das 21. Jahrhundert ausgezeichnet worden. Diese Künstler haben den berühmten Choreographen Royston Maldoon engagiert und machen mit den Kindern Tanztheater – mit zeitgenössischer Musik. Und die Kinder tanzen wie die Weltmeister, auch die übergewichtigen. Sie tanzen sich die Seele aus dem Leib, auch Jungs, die sonst immer die großen Machos spielen müssen, machen mit. Sie können sich körperlich verausgaben und hingeben, sie können ihre Kraft austoben und ohne Sprachschwierigkeiten ihr Lebensgefühl ausdrücken.

Orchestermitglieder haben damit begonnen, einzelne Instrumente an die Kinder zu verteilen – und es gibt jetzt Konzerte, bei denen neben den Profimusikern Kinder sitzen und mitspielen. Ein Projekt, das so anrührend ist und so viel Charme hat, dass da jetzt auch unsere bildungsbürgerlichen Bremer hinkommen und begeistert sind. Auch die Schule selbst hat sich dramatisch zum Positiven verändert.

Für die Ziele der Integration kann also man einiges tun. Und es geschieht auch viel.

Simon Rattle in Berlin hat mit seinem Projekt „Rhythm is it" ganz ähnliche Erfolge gefeiert und auch klar gesagt: Das ist die Zukunft. Musische Erziehung dürfen sich nicht nur gut situierte Eltern für ihre Kinder „leisten" können. Und klassische Musik ist nicht nur für pensionierte Bildungsbürger wichtig. Sich ganz neue Milieus erarbeiten, das geht auf diesem Weg. Und es hilft allen.

Wenn junge Menschen zusammenkommen, um Musik zu machen, dann entfliehen sie dem Leben nicht. Sie verstehen sich selbst und einander besser. Und dadurch auch das Leben.

Herz und Kopf – die musikalische Lösung

Natürlich ist es schade, wenn musische Erziehung in den Schulen nicht einen derartigen Stellenwert hat, dass solche Erfahrungen überhaupt gemacht werden können. Nicht nur für die Schule, aber für sie ganz besonders gilt: Information ist nicht alles. Menschlich zu sein und gute Musik zu machen hat etwas gemeinsam: Beides heißt, eine Balance zwischen Kopf, Herz und Bauch zu finden, sagt Daniel Barenboim, und er fügt hinzu: „Was ist besser geeignet als die Musik, um einem Kind zu zeigen, was es heißt, menschlich zu sein." Musik ist mehr als hören, sie geht in die Tiefe, ist ganzheitlich.

Der Neurologe Oliver Sacks geht in seinem Buch „Der einarmige Pianist" dem Zusammenhang von Musik und Gehirn nach. Er fragt, wieso Musik so eine große Macht auf uns ausüben, uns beruhigen, beleben, trösten, erregen, uns organisieren kann. Vor allem jedoch, warum sie einen solch großen therapeutischen Effekt hat. Er kommt zu unglaublichen Schlüssen – aufgrund von Krankheitsgeschichten. Kriegsverletzte, denen das halbe Gehirn weggeschossen wurde, lernten mit Hilfe von Musik, die verlorene andere Hälfte in ihren Funktionen wieder zu ersetzen. Menschen, die die Sprache verloren haben, haben sie über Musik wieder zurückgewonnen. Sacks hat Menschen begleitet, die über das Chorsingen eher als über die Sprache wieder ins soziale Leben zurückfanden. Sprache ist ein anspruchsvolleres und schwierigeres Kommunikationsmittel als das Singen.

Dass es Menschen gibt, die die Sprache verloren haben und über das Singen kommunizieren können, habe ich selbst bei meinen Besuchen bei Dementen erfahren. Ich kann mit Leuten, die nicht mehr reden können, immer noch singen: Sie kennen noch die Texte, singen mit und strahlen mich an und zeigen mir so, dass es schön ist für sie. Musik ist eine Kommunikationschance, die für das Gehirn noch grundlegender ist als die so wichtige Sprachkompetenz. Sie kann Menschen aus der Isolierung durch Krankheit oder Verletzung zurückholen. Auch wenn manche meinen, das sei eine ganz neue Entdeckung – der Dichter Novalis hat das vor über 200 Jahren schon gesagt: „Jede Krankheit hat eine musikalische Lösung. Je schneller und verständiger die Heilung, desto größer das musikalische Talent des Arztes." Und die Griechen haben Apoll ja nicht nur als den Gott der Musik, sondern auch als Gott der Heilkunst verehrt.

Diese Heilkraft zeichnet die Musik auch vor anderen kreativen Tätigkeiten aus. Sie ist elementarer als das Malen oder Schreiben, und sie berührt Leib, Seele und Geist. Sie bringt nicht nur die Seele zum Klingen. Sie ist auch etwas, was durch Schwingungen den Leib berührt, und sie hat Wirkung auf den Kopf, auf das Gehirn. Ich erhalte überall Bestätigung für diese Beobachtung.

Jüngst traf ich bei einem Vortrag eine Frau, die mir von sich erzählte. Sie war Witwe geworden und wollte etwas gegen ihre Depression und Einsamkeit tun. Sie nahm sich vor, mit alten Menschen zu singen. „Beim ersten Mal bin ich erschrocken: Wo bin ich da hingeraten? Beim zweiten Mal habe ich gemerkt: Es macht denen Freude, und es macht mir selber Spaß – und wir freuen uns immer auf das nächste Mal."

Sie erzählte das wie eine Auferstehung, mit strahlenden Augen: dass sie aus ihrer Not, ihrem Kummer und ihrer Einsamkeit durch Musik herausgekommen war. Musik verbindet nicht nur, sie mobilisiert auch. Das ist nichts, was ablenkt vom Ernst des Lebens, im Gegenteil, es hilft, ihn zu bestehen. Es ist Hilfe zum Leben. Das, was man noch hat, findet Resonanz – im eigenen Herzen.

Aktivierung: Musik als Hilfe zum Leben

Musik hat mit dem Herzen, dem zentralen Wahrnehmungsorgan des Menschen zu tun. Ich meine mit „Herz" auch das sentimentale Verständnis, dass Menschen zu Tränen gerührt sind, wenn sie sich plötzlich tief angesprochen fühlen. Wenn jemand mit nassen Augen „Stille Nacht, heilige Nacht" singt oder „Süßer die Glocken nie klingen" oder „Schneeglöckchen, weiß Röckchen" – finde ich diese Rührung schön. Ich habe früher eher über diese Art der Musik gespottet und mir gedacht: Na ja, die einen trinken Wein, um sich in Stimmung zu bringen, die anderen brauchen schärfere Sachen, und die dritten verschaffen sich eben mit Musik ein seelisches High. Inzwischen bin ich mir da nicht mehr so sicher, ob ich mich mit meinem Spott nicht doch sehr getäuscht habe.

Vielleicht ist die Emotion eine wichtige Stufe, um zu einem Verhalten zu kommen, in dem man sich dann wieder etwas zutraut. Bloße Rührung ist es nicht, was die Kraft, das Herzstück der Musik ausmacht. Wichtig ist gerade, dass Musik etwas in Bewegung bringen kann und zu einem nächsten Schritt führt: dass Menschen sich mobilisieren. Jeder Pädagoge weiß: Positive Aktivierung geht über gute Emotionen. Dass man neuen Mut und neue Kraft bekommt, etwas zu tun, dass ich mich neu entdecke: Das ist mehr als bloßes Angerührtsein. Es ist wie ein Medikament oder wie eine Therapie. Dass man sagt: „Jetzt traue ich mir wieder etwas zu", das kann Musik eben auch. Ich selbst trinke keinen Alkohol, rauche nicht und brauche auch keine anderen Suchtmittel. Aber wenn ich singe, dann schüttet jemand Endorphin in meinen Körper. Nach einem gelungenen Konzert fühle ich mich so glücklich, dass ich lange Zeit brauche, um da wieder „runterzukommen".

Ein amerikanischer Gefäßexperte hat einmal gesagt, dass eine halbe Stunde Musik so wirkt wie 10 mg Valium. Ich glaube, ich weiß, was er damit meint. Es gibt Mediziner, die sagen, dass Musik das Langzeitgedächtnis unterstützt, dass sie Mobilität und Motorik stärkt. Auch das stimmt. Und nicht nur das: Sie klärt den Geist, reduziert Stress und Angst, hilft in Einsamkeit und niedergedrückter Stimmung und motiviert uns vor allem zu kreativem neuem

Denken. Sie hat also durchaus mit Hoffnung und Aktivierung zu tun.

Aufleben im Chor

Seit ich mich aus der Politik zurückgezogen habe, engagiere ich mich stark in der Chorbewegung, die nach hundertjähriger Spaltung jetzt im deutschen Chorverband zusammengefunden hat. Der Deutsche Sängerbund und der Arbeitersängerbund waren die beiden Flügel, die nach schwierigen Gesprächen zusammenkamen. Ich bin seit 2005 ehrenamtlich Präsident des deutschen Chorverbandes, des weltgrößten Verbands der Laienchöre, der aus diesen beiden Traditionen hervorging. Dazu gehören die eigenständige Deutsche Chorjugend und 37 Einzelverbände, 26.000 Chöre mit insgesamt 1,85 Millionen Mitgliedern, unter ihnen 750.000 aktive Sängerinnen und Sänger aller Altersstufen.

Seit ich die Aufgabe im Verband übernommen habe, habe ich selbst wieder das Singen entdeckt – ich hatte natürlich früher gesungen, in meiner Jugend, es aber dann lange Zeit nicht mehr praktiziert.

Singen schafft Gemeinsamkeit. Bei schwierigen Koloraturen, die ich nie allein singen könnte, oder höchstens, wenn ich mich selbst am Klavier begleite, mache ich einfach die Ohren weit auf, höre mich in meine Nachbarsänger ein, und lasse mich über ganz spannende Passagen hinweg- oder mittragen – und kriege die dann plötzlich hin. Das ist Einklang.

Die Wirkung der Musik auch auf Menschen, die schwierig sind, ist phänomenal. Wir haben zum Beispiel einen Autisten in unserem Chor, mit dem man nicht richtig reden kann, der aber wunderbar singt und eine herrliche Tenorstimme hat. Ich selbst habe ja die Erfahrung in meiner Zeit als Stotterer gemacht: Wenn ich gesungen habe, kannte meine Stimme keine Hemmung oder Störung. Chorsingen ist die Möglichkeit, von eigenen Problemen wegzukommen und sich tragen zu lassen. Ich werde mitgenommen: Es ist die tiefe Erfahrung von Gemeinschaft.

Musik für die Insel

Wenn ich einmal einen „Durchhänger" habe, habe ich für meine Seele unterschiedliche Mittel, um wieder aus der trüben Stimmung herauszukommen. Eins davon ist: Ich singe.

Volkslieder singe ich leidenschaftlich gerne. Das deutsche Volkslied war lange in Misskredit. Aber das Nazigift ist inzwischen verflogen. Wir kommen wieder an diesen wunderbaren Schatz heran. Ich wollte eine Sammlung mit meinen Lieblingsliedern anlegen, und musste dann aufgeben, weil sie viel zu umfangreich wurde und immer noch zu viele fehlten. Ich bin in der Tradition der protestantischen Kirchenlieder aufgewachsen und über meinen Vater, der Wandervogel war, mit der Tradition des Zupfgeigenhansel vertraut, und habe dann über meine Frau die Kunstlieder des 19. Jahrhunderts kennengelernt: die von Schubert, Brahms und Wolf.

Würde ich auf eine Insel verbannt, würde ich den ganzen Tag singen. Sogar auf einem Hochsee-Segler singe ich. Die alten Fahrensleute wollen das zwar nicht, weil man sonst den Wind nicht mehr hört und die Windstärke nicht einschätzen kann. Ich habe mir aber auf diesem Segelboot das Sonderrecht erarbeitet, dass ich singen darf. Und ich stehe da im Wind, mitten im Eismeer und singe Paul Gerhards „Du meine Seele, singe,/ Wohlauf, und singe schön/ Dem, welchem alle Dinge/ Zu Dienst und Willen stehn …"

Ein Glückselixier – auch für andere

Musik strahlt auch aus. Meine Frau war eineinhalb Jahre in Nicaragua und bekam dort Kontakt zu Padre Angel, jenem Priester, der ihr sagte: „Ich könnte meine Arbeit ohne Musik gar nicht tun." Dieser Priester hat viel getan: Er hat in einem Elendsviertel Managuas mit einfachsten Mitteln ein Kulturzentrum aufgebaut, er hat angefangen, mit Straßenkindern zu arbeiten – und Musik mit ihnen zu machen. Mit ihm hat sich Luise zusammengetan. Daraus ist eine kleine Musikschule mit vielen Schülern entstanden, die wir mit unseren Geldern und Honoraren finanzieren. Die Leiterin der Musikschule studiert in Costa Rica, dirigiert dort den Universitätschor. Sie kommt aus ganz armen Verhältnissen, aus einer Bretterbude, alle ihre Geschwister sind arbeitslos. Sie bezahlt mit ihrem Geld ihre Familie und macht eine wunderbare Arbeit. Ein anderer ist David, Sohn eines Straßenmusikers. Als er fünf war, hat Dietmar Schönherr ihn auf der Straße entdeckt. Inzwischen ist er Deutschlands bester Absolvent im Fach Trompete, Solotrompeter in einem Orchester, ein richtiges Jahrhunderttalent.

Für die Schule in Managua arbeitet meine Frau täglich. Sie plant, organisiert Lehrerfortbildungen oder die Weiterbildung mit Professoren aus Deutschland oder Costa Rica. Eine zweite Schule existiert in Granada, der alten Hauptstadt. Da gibt es auch eine Malschule, eine Schreibwerkstatt, einen kleinen Sender, ein kleines wissenschaftliches Zentrum. Jährlich veranstalten wir dort einen Poetenkongress, zu dem Ernesto Cardenal einlädt. Über 300 Leute kommen und tragen ihre Gedichte vor. Alles ist spendenfinanziert. Es gibt keinen Cent von der Bundesregierung, auch nichts von der Regierung Nicaraguas.

Wir arbeiten mit Straßenkindern, die überhaupt keine Förderung erfahren haben, die von ihren Eltern auf die Straße geschickt werden, um irgendetwas zu verkaufen, Wasser oder Feuerzeuge, was auch immer. Wenn man die erreicht und wegholt von der Straße, und das heißt auch: von den Drogen oder von der Prostitution, dann ist das wunderbar.

Es ist eine sehr langwierige, Geduld erfordernde Arbeit, aber auch eine, die in der Breite erfolgreich ist. Ihr Motor ist die Musik. Das bedeutet Zuwendung, Aufmerksamkeit und Bestätigung durch das, was die Kinder lernen. Sie werden in einer positiven Atmosphäre ermuntert und nicht entmutigt. Sobald sie spielen können, geben sie ihr Wissen an kleinere Kinder weiter, das bringt neue Anerkennung. Die Kinder erfahren, dass sie etwas wert sind – und das macht sie stark. Wenn sie zu Konzerten einladen, kommt die ganze Familie, und wenn der kleine Bruder dann da vorne auf der Bühne steht, sind sie stolz.

José Antonio Abreu aus Venezuala ist das großes Vorbild für diese musikpädagogische Arbeit. Er hat – mit

Mitteln aus der Ölstiftung – inzwischen 240 Orchester mit Kindern und Jugendlichen gegründet, darunter 30 professionelle Sinfonieorchester, deren Mitglieder auch Musikunterricht erteilen, und die auch international auftreten. „Orchester", sagt Abreu „das heißt: Freude, Motivation, Teamgeist, Streben nach Erfolg." Er sagt: „Es ist auch ein geistlicher Kampf für das Wahre, Schöne, Gute – gegen Not und wirtschaftliche Gier."

Auch in Bremen gastierten sie einmal, und alle waren hingerissen und angesteckt von der Vitalität, dem Temperament und der Kraft dieser jungen Leute. Simon Rattle, der jedes Jahr einmal nach Venezuela kommt, um mit den Jugendlichen zu musizieren, sagt: „Die Zukunft der klassischen Musik liegt in Venezuala."

Ähnliches versuchen wir, auf bescheidene Weise, auch mit unserer Arbeit in Nicaragua.

Die Welt ist *eine*. Wir können uns nicht mehr isolieren.

XVI

"Kai shui" heißt: „Bitte heißes Wasser!"

Globalisierung ist konkret. Bremen hat seit 1985 eine chinesische Partnerstadt: Dalian, zweitgrößte Hafenstadt Chinas, eine Siebenmillionenstadt am chinesischen Meer. Bo Shi Lai, der chinesische Kollege – heute als Außenhandelsminister Chinas eine auch international einflussreiche Persönlichkeit –, brachte mir bei einem Besuch eine Glaskugel mit, die auch bei meinem Nachfolger noch auf dem Schreibtisch steht. Darauf ist auf Chinesisch ein Spruch angebracht. Als ich vermutete, dass das ein Satz des Vorsitzenden Mao sei, wehrte er ab und übersetzte: „Wir müssen alles tun, damit wir diese Erde nicht zerstören." Es war nicht nur dieser Respekt vor der Umwelt, dessentwegen ich mich mit ihm auch menschlich sehr gut verstand. Er lud mich nach China ein und stellte mich seinem alten, fast hundertjährigen Vater Bo Shi Bo vor, dem letzten Überlebenden des Politbüros von Mao Tse Tung, der da wie ein kleines Vögelchen auf seinem Bett saß und mit seiner hohen Stimme zu mir sagte: „Junger Freund, ich war von Anfang bei der kommunistischen Bewegung dabei, ich habe den Langen Marsch mitgemacht und den Krieg, ich habe die Kulturrevolution überstanden und vieles im Leben erfahren, aber das einzige, was ich Ihnen als Rat mitgeben kann, ist: Trinken Sie heißes Wasser!"

Viele machen sich darüber lustig, dass ich nur heißes Wasser trinke. Angefangen hat es damit, dass ich 1999 mit einer kleinen Delegation nach China fuhr. Wir waren nur vier Leute, darunter der Bremer Kaufmann Henning Melchers, ein Bilderbuchhanseat, dessen Familie seit 200 Jahren in China tätig ist. Ihn habe ich gefragt: „Was kann man tun, damit man in der chinesischen Gesellschaft freundlich aufgenommen wird? Ich kann die Sprache nicht, weiß nichts von den Bräuchen. Ich kann mich doch nicht chinesisch verkleiden oder am Morgen Tai-chi im Park machen." Melchers lachte: „Ganz einfach: Sie müssen nur, wo immer Sie sind, nach Kai Shui fragen: Bitte heißes Wasser! Und wenn Chinesen von einem Europäer diese Verbeugung vor ihrer Tradition erleben, die Tausende Jahre alt ist, dann werden Sie ein Strahlen ernten, egal wo Sie sind, bei einem Essen im privaten Rahmen, in der Garküche oder bei einem offiziellen Anlass."

Man muss sich das tatsächlich einmal vorstellen: als Europäer durch Peking zu irren, ohne Kenntnis von Sprache und Schrift, oder als einziger Europäer in einem Lokal zu sitzen, in dem einem alles fremd vorkommt, und absolut nichts zu verstehen. In solchen Situationen hat mir dieses „Kai shui" so viel positive Reaktionen gebracht – dass ich dabei geblieben bin. Melchers sagte zwar: „Es genügt, wenn Sie damit anfangen, Sie müssen dann doch nicht einen ganzen Abend lang auf Ihren Rotwein verzichten." Aber ich bin dabei geblieben. Zumal ich eine Reihe positiver Effekte spürte: Plötzlich passten meine Hosen wieder, meine Migräneanfälle hörten auf und auch andere lästige Gesundheitseinschränkungen, wie Magenprobleme, verschwanden plötzlich auf undramatische Weise. Da ich wusste, es ist aussichtslos, die Sprache zu lernen, habe ich mir etwas anderes überlegt, um an die Menschen heranzukommen. Und das hat nicht nur eine Brücke zu fremden Menschen, in eine ganz andere Kultur geschlagen, es hat mir auch selbst geholfen.

Zivilgesellschaft – eine globale Hoffnung

Als im September 2001 die Terroranschläge auf New York verübt wurden, war ich gerade unterwegs von Seoul nach Kasachstan. Im Flugzeug gab es keine Information. Als wir ankamen, holten uns zwei Leute von der Deutschen Botschaft ab und berichteten. Wir waren in einem alten Agentenhotel untergebracht und ich habe die ganze Nacht die Bilder aus New York gesehen. Ich verstand es nicht: Was ist das? Was passiert hier? Ich wusste nichts außer dem, das auf den Bildern zu sehen war. Stand der Dritte Weltkrieg bevor?

Mein erster Termin am nächsten Morgen vor der deutsch-kasachischen Handelskammer war von den dramatischen Ereignissen bestimmt. Zwei der deutschen Kaufleute waren ganz entschieden: „Jetzt müssen wir zurückschlagen. Jetzt müssen wir einen Angriff auf Mekka führen. Denen müssen wir es zeigen." Dass das keine Lösung sein konnte, war klar. Es geht um Entwicklung zivilgesellschaftlicher Strukturen, auch in Ländern, die keine demokratische Tradition haben.

Ich war etwa in der Mongolei. Dort habe ich Vorlesungen gehalten – über Gerichtskosten. Die Studenten, die zum Teil im Kaftan vor mir saßen, wollten wissen, was man gegen Korruption tun kann. Das ist das Hauptproblem in den postsowjetischen Ländern. Die beste Prävention gegen Korruption bei Gericht ist eine feste, geregelte Einnahmesituation.

Oder Armenien. Ich bin einmal drei Wochen nach einem mörderischen Überfall der Rebellen aus der Republik Bergkarabach in das armenische Parlament gekommen. Der Parlamentspräsident und der Regierungspräsident waren erschossen worden.

Oder in Usbekistan: In Taschkent, wo Rebellen das Gebäude der Staatsanwaltschaft angegriffen hatten, zeigte man uns Bilder der Toten – in einer Ausstellung. All das sind Beispiele für eine Welt, die von einem zivilen Zustand noch sehr weit entfernt sind.

Meine Hoffnung für alle diese Länder ist die UNO. In der UNO regiert zwar derzeit noch Diplomatengeklüngel. Da sitzen Vertreter autoritärer Regime, Militärchefs und Putschisten. Trotzdem gibt es keine Alternative zur UNO. Eine gerechte Weltregierung ist eine Hoffnung, die ganz viele haben. Die Studenten in Moldawien, Georgien, Armenien oder Weißrussland, die wir über das Studienwerk fördern, erhoffen sich eine demokratisch legitimierte UNO. Die wollen in einer fairen Gesellschaft leben, in der das Recht gilt und Willkür und Korruption bestraft werden.

Die Welt lebt von der Kraft der Ideen und blüht auf unter der Hoffnung.

Wer die globale Gesellschaft im Blick hat, muss die Situation hierzulande deswegen nicht durch die rosarote Brille sehen. Die sozialen Unterschiede nehmen auch hier zu, nicht ab. Die Einkommensschere klafft immer weiter auseinander. Der Mittelstand ist von Angst vor dem Abstieg und von der Hoffnung auf Wahrung des eigenen Besitzstandes bestimmt. All das stimmt – und trotzdem muss man das relativieren und in die richtige Perspektive rücken.

Wir leben in unseren Breiten auf der Spitze einer Pyramide der erfolgreichsten Gesellschaften und Länder der Welt. Es ist ein Skandal, dass wir immer noch diese Ungerechtigkeitsprobleme haben. Dagegen kann man etwas tun, und daran müssen wir arbeiten. Aber wir leiden auf einem hohen Niveau. Aus afrikanischer, asiatischer oder südamerikanischer Sicht sieht die Wirklichkeit anders aus.

Aber auch das übersehen wir gerne: Dass in den letzten zehn Jahren 600 Millionen Menschen die absolute Armutsgrenze – mit weniger als einem US-Dollar am Tag zu leben – überwunden haben und auf die Seite derjenigen gekommen sind, die halbwegs verlässliche Einkommen haben, Jahr für Jahr also 60 Millionen, und die Zahl steigt: Wir schlittern nicht unaufhaltsam in eine gigantische globale Katastrophe. Es gibt einen zähen, sich mühsam weiterentwickelnden Prozess, in dem es gelingen kann, diese unglaubliche Armut und dieses Elend in der Welt – größer als alles, was wir hier in Deutschland kennen – einzugrenzen und vielleicht zu überwinden.

Ich möchte hierzulande kein Schweizer Idyll mit hohem Zaun, vielleicht gar noch mit Abwehrraketen bestückt – und ich will nicht akzeptieren, dass außerhalb dieses Schutzkordons die Welt im freien Fall ist. Ich möchte versuchen, die Gerechtigkeitsfrage auch global anzugehen.

Wir in Europa haben ein Verteilungsproblem – mit dem Rest der Welt. Und da müssen wir etwas abgeben. Es ist wichtig, beieinander zu bleiben. Das geht nur dadurch, dass man sich gegenseitig stützt. Allein schafft die Lösung der Gerechtigkeitsfrage keiner mehr.

Nur miteinander überleben wir

Im Vorortzug aus dem Taunus nach Frankfurt: Vor mir saß eine Ausländerin, die offensichtlich nicht richtig Bescheid wusste. Da setzte sich eine Frankfurterin zu ihr, die das mitbekam. Und ich beobachtete, wie diese junge Frau sich mit ihrer ganzen frühmorgendlichen Kraft um diese hilflose und desorientierte Frau kümmerte, ihr in aller Ruhe erklärte, was sie zu tun hatte. Eine Viertelstunde lang, bis sie aussteigen musste.

Und als sie hinausging, stieg ein Paar ein, das nebeneinander zu sitzen kam. Sie Asiatin, er offensichtlich Auslandsdeutscher aus Russland. Nur mühsam und in gebrochenem Deutsch konnten sie sich miteinander verständigen. Plötzlich haben die beiden, die ganz unterschiedliche Wege hatten, sich hier gefunden und sind miteinander in Kontakt gekommen. Und sie tun sich zusammen, mit ziemlich bescheidenen Mitteln – und sie helfen sich weiter. Eine Kommunikation auf schlichtem Niveau, und trotzdem tun sie sich beide gut. Sie können sich austauschen, ihre Fragen loswerden und irgendwie auch weiterhelfen.

So etwas beobachte ich ständig. Das sind meine Lichtpunkte. Immer wieder.

Leben ist Resonanz. Resonanz bedeutet: Ich entdecke mich über andere.

Das ist etwas anderes als Nächstenliebe. Nächstenliebe heißt, den anderen wirklich annehmen, so wie er ist, sich zurückzustellen, ihm beizustehen in seiner Schwäche.

In der Resonanz geht es um anderes, nämlich darum, dass ich mich in Gemeinschaft erfahre. Ich bin, weil ich über andere eine Rückmeldung bekomme. Das ist, wenn es gelingt, ein aktives Miteinander, das in mir – und in meinem Gegenüber – etwas in Schwingung bringt und innere Kraft, Lebendigkeit und Kreativität bewirkt. Ich trete aus mir heraus und komme gerade so zu mir. Andere vermitteln mir Erfahrungen, oft aus ganz anderen Lebensbereichen, die mir selbst auf meinem ureigenen Weg weiterhelfen.

Sicher, auch die soziale Isolation wächst heute. Die Massenmedien und moderne Kommunikationsmittel spielen dabei eine wichtige Rolle. Man sitzt vor dem Computer, surft im Internet, chattet mit Gleichgesinnten und schottet sich damit doch von allen anderen ab. Oder man hockt vor dem Fernseher und denkt: Das ist das Leben. In solchen Fällen hat sich aber etwas zwischen mich und die Wirklichkeit geschoben.

Aber es gibt auch eine unendlich große Zahl von Menschen, die nur dadurch über die Runden kommen, dass sie eben nicht vor dem Fernseher sitzen. Sondern die ihren Alltag, ihre Überforderung, die Unübersichtlichkeit und die Angst vor der eigenen Wertlosigkeit und Bedeutungslosigkeit, dieses Gefühl: „ob ich da bin oder nicht, das ist doch bedeutungslos" dadurch bewältigen, dass sie Menschen finden, die es mit ihnen aushalten und mit denen sie sich im Alltag einrichten können. Vielleicht sind es nur zwei oder drei. Aber sie helfen beim Überleben. Und sie helfen, zu leben.

Die Erfahrung der Hilflosigkeit und Bedeutungslosigkeit kann man besser aushalten, wenn man sich mit anderen zusammentut. Menschen können überleben, weil es andere Menschen gibt, mit denen sie sich informell begegnen können und die ihnen die Erfahrung vermitteln: Du bist nicht austauschbar, du bist kein Sandkorn, du bist wichtig und wertvoll für mich, und mir selbst geht es dadurch gut, dass du da bist.

Wenn Menschen sich einander zuwenden und sich gegenseitig gut tun, geht es meist nicht um großartige Aktionen. Das können ganz kleine Schritte sein, und da können ganz verschiedene Menschen zueinander finden, ein Kind und ein Alter oder – wie in der S-Bahn nach Frankfurt – eine Fremde und ein Fremder, der gerade in seiner Fremdheit das Bedürfnis hat, Nähe zu finden und sich auszutauschen.

Es geht darum, das Miteinander zu stärken und menschliche Wärme zu finden. In einem solchen Klima kann etwas blühen. Auch ich selbst habe in meinem Leben immer wieder Strukturen gesucht, die das möglich machten. Wenn ich sie gefunden habe, bin ich aufgeblüht. Wenn ich ganz allein war, ohne jemanden, mit dem ich mich austauschen konnte – da musste ich die Zähne zusammenbeißen, um durchzuhalten.

Wir brauchen einander. Wir sind darauf angewiesen, dass wir Gemeinschaft finden im Meer der Anonymität und Gleichgültigkeit. Der andere ist eine Insel der Hoffnung.

Empörung oder Mitmachen?

Zwei alte Politiker, beide über 90, haben in der letzten Zeit immer wieder von sich reden gemacht und viel Zustimmung erfahren: Helmut Schmidt und Stéphane Hessel. So unterschiedlich ihre Positionen sind, beide gehören für mich zusammen. Hessel hat mit seinem Manifest „Empört euch" Furore gemacht. Seine Aufforderung an junge Leute: Lehnt euch auf gegen die bestehenden Verhältnisse, macht nicht mit beim Tanz ums goldene Kalb und knüpft an die Werte an, für die eure Großeltern einmal nach dem Krieg eingestanden sind.

Was er fordert, ist im Kern das, was Helmut Gollwitzer den „aufrechten Gang" genannt hat. Ärger und Empörung können mit einer solchen Haltung zusammengehen. Sie können ein Stachel sein, um zur Klarheit und Einsicht und vielleicht sogar zu einem Fortschritt in der Sache zu kommen.

Natürlich bin auch ich gegen Opportunismus. Aber nicht aus Frustration über alles, was seit 1945 passiert ist. Und natürlich bin ich auch dafür, an den alten Idealen anzuknüpfen, die den Neuanfang nach dem Zweiten Weltkrieg prägten. Aber das Gute liegt nicht nur in der Vergangenheit, und die Gegenwart ist nicht nur verrottet. Es ist doch eine erstaunlich positive Sache, dass wir nach dieser großen Massenmörderkatastrophe des Nationalsozialismus und des Zweiten Weltkriegs in Deutschland und Europa Frieden gelernt haben und uns nicht mehr als bis an die Zähne bewaffnete Feinde gegenüberstehen, die dem anderen nur Böses zutrauen. Und vor allem: dass dieser Prozess weitergeht, nach den Franzosen jetzt mit den Polen. Und dass in einer Wirtschafts- und Währungskrise mit den ökonomisch schwächeren Ländern die neue europäische Einheit nicht auseinanderfliegt. Dass das bisher gelungen ist, das ist ja nicht nur dem Umstand zu verdanken, dass das Kapital gerettet werden musste, es ist auch ein Erfolg der Zivilgesellschaft.

Es gibt also Fortschritt – natürlich mit Rückschlägen und Ausreißern, mit den nationalstaatlichen Allüren in Ungarn, auch in Polen. Aber die ganz große Linie ist doch hoffnungsvoll. Nach Jahrhunderten von Mord und Totschlag wächst Europa friedlich zusammen, in ganz unterschiedlichen Traditionen und kulturellen Prägungen. Dass wir uns in der Differenz schätzen und nicht alle Esperanto reden wollen, sondern fremde Sprachen lernen und die kulturellen Unterschiede respektieren und uns achten und dann hoffentlich auch endlich die Nationalisten und Rassisten (die es nicht nur in Belgien und Holland, sondern auch in so friedlichen und offenen Gesellschaften wie Norwegen gibt) verschwinden, weil eine Mehrheit der Bevölkerung sagt, das wollen wir nicht: All das ist mir so wichtig, dass ich selbst nicht die Empörung anheizen will, sondern sage: „Macht mit! Wir brauchen jeden!" Und dem, der sich am liebsten nur empören möchte, sage ich: „Überleg' dir, wo dein Platz ist. Schau, wo du mit anpacken kannst. Wir wollen dich wie du bist, unverwechselbar, eigenständig und eigenwillig, in deiner Eigenart. Wir sind nicht gleich gehobelt und nach Schablonen konform ausgeschnitten. Du bist kein Objekt, sondern Subjekt."

Ich bleibe dabei: Differenz ist Leben. Hauptsache bunt. Und wichtig ist: dass es auch in Zukunft bunt bleibt.

Mit beiden Beinen geht man besser

Politik ist das Bohren von dicken Brettern. Es braucht dafür Ausdauer. Ich vertraue auf einen Kanon von klaren Werten, von Tugenden und Haltungen, die für den Aufbau und einen kontinuierlichen Zusammenhalt der Zivilgesellschaft wesentlich sind: Das Fundament ist, dass wir einander achten und schätzen: Respekt vor dem Anderen und Andersdenkenden. Schließlich die Achtung vor der Differenz. Achtung vor Differenz bedeutet, die Rechte des anderen zu respektieren, fair und auf Augenhöhe mit ihm umzugehen, ob behindert oder nicht, unabhängig von Hautfarbe, Geschlecht, Religion. Sich prinzipiell für Gewaltlosigkeit entscheiden und nicht mit dem Mittel der Drohung, mit Druck und Erpressung arbeiten, sondern mit dem Mittel der Überzeugung. Zu diesen Tugenden gehört für mich auch, eigene Schwächen und die Fähigkeit, Niederlagen und Fehler einzugestehen.

Sich dafür einzusetzen, lohnt Emotion und Leidenschaft, aber auch alle Nüchternheit und Anstrengung rationaler Überzeugungsarbeit.

Für mich sind also beide Positionen wichtig: die von Stéphane Hessel und die von Helmut Schmidt, der so etwas ist wie ein rational-pragmatischer Gegenpol zu Hessel. Hessel will durch einen emotionalen Appell junge Menschen herausholen aus einer resignativ-gleichgültigen Mentalität, die sagt: Unter den gegebenen Sachzwängen hat doch alles sowieso keinen Sinn. Daher sein Appell: „Empört euch!" Helmut Schmidt ist Realpolitiker, dem es auf pragmatische Machbarkeit ankommt und der alles auf einen nüchternen Kern zurückführt: Nicht über Motivation, Emotion und Begeisterung sollen die Menschen gewonnen werden, sondern durch realistische Antworten auf die Frage: Was geht, was geht nicht?

Beide – Schmidt und Hessel – geben als Alte die Summe ihres Lebens weiter. Es lohnt sich, um der Zukunft willen, sich mit beiden – in sich sehr uneigennützigen – Positionen vertraut zu machen. Ich fühle mich beiden verpflichtet: Emotion ist wichtig, Nüchternheit aber auch. Natürlich kann man das auch als Spagat sehen. Und manchmal kommt es mir selbst auch so vor. Wie oft habe ich nicht nur für mich selbst Erklärungen und Antworten gesucht auf Fragen wie: „Warum machst du eigentlich noch mit? Warum schmeißt du nicht alles hin?" Und wie oft hatte ich Mühe, für andere nachvollziehbar zu begründen: „Warum gerade jetzt? Warum möglicherweise erst später? Warum ist es immer noch sinnvoll, weiterzumachen und nach Alternativen zu suchen?"

Man kann es auch eine Doppelstrategie nennen. Mir war auf der einen Seite klar: Ich muss in Gremien und Institutionen eine Position erreichen, von der aus ich etwas bewirken kann. Ich muss die Wirklichkeit und Intention der Etablierten verstehen und wissen, wie die sich organisieren und wie die „ticken". Gleichzeitig wusste ich: Sich ausschließlich darauf zu verlassen, ist gefährlich. Es gibt Menschen, die nach vorne drängen. Ich muss bei denen sein, die sich nicht über Institutionen einbinden lassen wollen, die ihre Ziele vor allem in Projekten verwirklichen und sich in Aktionen politisch ausdrücken, die etwa Hausbesetzer nicht kriminalisieren und gewaltfrei leben wollen. Ich finde es richtig, das Militär in Richtung Polizei zu entwickeln, also nicht die gegenseitige Hochrüstung zu fördern – aber ich möchte aus dem gleichen Grund auch bei denen sein, die sich eine Welt ohne Militär und ohne Gewalt wünschen. Und ich möchte ein solches gewaltfreies Leben jetzt schon einüben. Daher habe ich bereits in den 50er-Jahren an einer Fibel der Gewaltfreiheit mitgeschrieben, in der wir die Erfahrungen anderer nach Deutschland holen wollten – obwohl wir wussten, dass das zunächst nur für kleine Gruppen möglich war und es keine breite politische Akzeptanz gab.

Mich beeindrucken Menschen, die etwas wirklich *machen*. Der polemische Spruch von Helmut Schmidt, Leute mit Visionen sollten zum Arzt gehen, hat mich gekränkt, weil er jeden Idealismus diskreditiert. Seine Ideale sollte man sich nicht nehmen lassen, weder als junger noch als alter Mensch. Aber es geht auch darum, immer wieder zu überprüfen, wohin das Ganze denn geht. Und sich zu fragen: Was ist mir wichtig? Woran will ich gemessen werden?

Ich will weder die Pragmatiker als Opportunisten abtun, noch die Visionäre als Spinner. Ideale schützen davor, gleichgültig und saturiert zu werden – wenn sie nicht realitätsblind machen. Ich bin im Verlauf meines Lebens pragmatischer geworden. Man könnte auch sagen realistischer. Solange ich jung war und nichts zu sagen hatte, konnte ich wunderbare Texte und fantastische Entwürfe produzieren. Die großen Entwürfe mussten dann auf das konkret Mögliche heruntergebrochen werden, als ich in die Verantwortung kam. Das war bei mir sehr früh, mit 32 Jahren war ich SPD-Landesvorsitzender und vertrat eine seit Kriegsende in Bremen regierende Partei, kurz darauf wurde ich Vorsitzender des Haushaltsausschusses, mit 39 Jahren war ich Finanzsenator. Realismus heißt nicht, sein Ziel aus dem Blick zu verlieren. Wichtig ist der dialektische Reflexionsprozess, der immer neu und immer kompliziert ist: Die Orientierung an Zielen muss sich an der Praxis überprüfen und sich von der Wirklichkeit korrigieren lassen. Wenn das utopische Ziel und die Gegenwart nichts miteinander zu tun haben – nach dem Motto: das Ideal ist himmlisch, aber vorher müssen wir leider Mörder sein – dann ist es schlecht.

Die tägliche Gretchenfrage lautet für einen Politiker: Bist du abgehoben oder auf dem Boden der Realität? Stehst du zu deinen Zielen und gelingt es dir, genügend andere dafür zu motivieren?

Ich will auch lernen und mich korrigieren – nichts ist unangenehmer als die ewigen Rechthaber. Nüchternheit, Pragmatismus auf der einen Seite und die Ausrichtung an idealen Ziele auf der anderen Seite immer wieder zusammenzubringen, auch in einer Person, die beiden Pole als lebendigen Prozess zusammenzuhalten – darum geht es in der Politik. Das setzt Optimismus voraus – und schließt Zweifel ein.

Ich wollte nie einer sein, der allein und abseits der Wirklichkeit seine Träume von der idealen Gesellschaft auslebt. Herz *und* Kopf, Realität *und* Ideal zusammenbringen: Wenn ich das nicht zusammenbringen könnte, würde ich schizophren. Oder unglaubwürdig.

Man kann nicht lange auf einem Bein stehen. Und gut gehen kann man nur mit zwei Beinen. Wenn ich mich mit beiden Füßen vorwärts bewege, Schritt für Schritt, wenn ich auf dem Boden bleibe und doch aus vollem Herzen und mit klarem Verstand ein großes Ziel anvisieren kann, dann erst fühle ich mich ganz.

XVII

Gelingendes Leben – mehr als Erfolg

Wenn mich am Ende jemand fragen würde: Wann kann man eigentlich sagen, jemand hat erfolgreich gelebt? Meine Antwort wäre: Schon das Wort „Erfolg" schmeckt mir zu sehr nach Ökonomie. Was man mit Erfolg im Leben meint, ist nicht nur, wenn die Kasse stimmt. Glück ist keine Kategorie von Haben und Besitzen. Ein geglücktes Leben, ein Leben, das sich gelohnt hat, das ist mehr und anderes als Geldverdienen, da geht es um anderes als um das Verwalten von Konten und Aktiendepots.

Wann kann man also von einem gelingenden Leben reden? Das Entscheidende ist für mich, zu sagen: Es ist mir nicht egal, was hier passiert. Ich bin kein Flugsand, kein Körnchen in der Masse, das letztlich nicht zählt. Für Gelingen ist man verantwortlich. Darum muss man sich kümmern. In dieses Gelingen kann man sich auch verlieben – genauso wie man sich ins Scheitern verlieben und in Resignation kleben bleiben kann. Sein Leben bewusst selbst gestalten, selbst zu leben und sich nicht leben zu lassen – das ist nicht billig. Es ist sogar sehr anspruchsvoll: etwas tun, gegen Widerstände, trotz Unebenheiten und Untiefen. Denn die gibt es natürlich. Trotzdem sage ich jedem, und gerade jungen Leuten: Du kannst dein Leben wirklich selbst gestalten durch das, was du tust. Dadurch wie du lebst, wie du dich verhältst. Lass dich nicht leben. Lebe! Was möchtest du wirklich selbst mit deinem Leben? Überleg dir, was du bewirken willst und was du erreichen kannst und was deine Wege zu diesem Ziel sein könnten. Lass dich nicht einfach in fremde Raster pressen oder in Schubladen schieben. Entwickle dein Leben aus dir selbst heraus. Ob das am Ende dann nach äußeren Maßstäben gelingt oder nicht, das ist nicht das allein Entscheidende.

Dankbar zu sein für das Leben, absehen von sich selbst, in größeren Dimensionen denken – das ist eine Basis für Glück. Es spricht auch für Reife. Ein Zeichen von Reife ist für mich, dass jemand bescheiden wird und weiß, dass er nicht alles kann. Dass er gelernt hat, sich mit anderen zusammenzutun, sich zu verständigen und dass er das immer wieder praktiziert. Dass er nicht versucht, sich durch Geld oder Macht, durch Angst oder Gewalt durchzusetzen, sondern durch Verständigung und durch die Kraft der Überzeugung. Dass er, auch wenn er Rückschläge erleidet, nicht resigniert ist und nicht zynisch wird. Dass er Verständnis auch für Fehler anderer hat. Dass er gütig wird und barmherzig ist, mitfühlend und nachsichtig – und nicht rechthaberisch und um jeden Preis auf seiner Position beharrt. Dass er sich Ziele setzt, aber nicht verzweifelt, wenn er sie nicht erreicht.

All das hat nichts mit akademischer Ausbildung oder mit intellektuellen Fähigkeiten zu tun. Menschliche Kompetenz, die ich meine, finde ich auch bei ganz einfachen Menschen: Menschen, die nah bei anderen Menschen sind, die ihre Rolle verstehen und ausfüllen, dabei bescheiden und gütig geblieben sind. Die ihren Kummer und ihre Nöte annehmen können und nicht immer nur über das Unrecht klagen, das ihnen widerfährt.

Zum gelingenden Leben gehört, dass man Beziehungen herstellen kann. Dass man sich erklären kann und keinen Bogen um die Leute macht. Dass man nicht wegläuft, wenn verletzte Menschen ihre Wut loslassen wollen oder wenn einer auch nur seine seelische Not oder seine Einsamkeit zeigen will. Das auszuhalten ist nicht leicht. Aber ich kenne viele, die das können, auch unter schwierigen Umständen.

Vor einiger Zeit haben wir in meiner Gemeinde am Sonntag einen Gottesdienst für die verstorbenen Obdachlosen gehalten. Die Hälfte der Leute, die teilnahmen, waren selbst obdachlos. Meine Gemeinde praktiziert seit dreißig Jahren in der Diakonie eine offene Obdachlosenarbeit mit wunderbaren Leuten, die immer wieder, auch in einem so schwierigen Milieu, neue Anläufe schaffen. Auch das ist eine Form von gelingendem Leben.

Zum gelingenden Leben gehört, dass sich etwas zum Guten verändert, dass man die Welt am Ende seines Lebens möglichst etwas anders verlässt, als man sie vorgefunden hat. Das meint nicht den zählbaren Erfolg. Leute, die etwa „nur" Sozialarbeit gemacht haben, haben ja keine Häuser errichtet und auch keine Städte gebaut. Sie haben sich um Menschen gekümmert. Worin besteht da der Erfolg?, könnte man fragen. Er besteht darin, dass sie Menschen nahe gewesen sind! Dass sie sie nicht allein gelassen haben, dass sie für sie erreichbar waren. Das ist ein Erfolg. Denn die Welt hat sich so zum Besseren verändert. Sie ist menschlicher geworden.

»Wir haben ein Leben vor uns und nicht hinter uns.«

Der großen Angst vor einer immer älter werdenden Republik stellt Henning Scherf sein eigenes Altersbild entgegen. Und eine alternative Lebensform, die er selbst in seiner Alters-WG praktiziert – sein ebenso persönliches wie politisches Buch jetzt im Taschenbuch.

Wege ins Alter –
Eine Hoffnungsreise

Ich werde alt, was nun? Henning Scherf hat sich auf den Weg gemacht und untersucht, wie Menschen mit der Situation umgehen. Es ist eine Reise in die Wirklichkeit. Die geschenkten Jahre zu genießen und in Würde zu altern, das ist möglich. Wir müssen unser Altersleben aber am besten selber in die Hand nehmen. Je früher wir damit anfangen, desto besser.

Das Mutmachbuch

HENNING SCHERF

Mehr Leben –
Warum Jung und Alt
zusammengehören

HERDER

Wer älter wird, kann Erfahrungen aus früheren Lebens-
phasen abrufen – ein innerer Reichtum, ein »Mehr«
an Leben und eine Grundlage für die Fähigkeit, sich in
andere, gerade in Jüngere, einzufühlen. Der Zusammenhalt der Generationen sorgt für den Zusammenhalt der
Gesellschaft und ist die Antwort auf den demografischen
Wandel. Eine älter werdende Gesellschaft birgt auch
eine Chance: Das Innehalten gibt die Freiheit zum Denken und Hinterfragen. Und das brauchen wir alle.

Was die Liebe trägt

Ihr Leben ist ihre Botschaft. Sie lebt seit 53 Jahren unter
Muslimen in Pakistan, heute in Karachi, der gefährlichs-
ten Stadt der Welt. In einem Klima von Gewalt und
Terror spricht sie davon, was Sinn macht – trotz allem.
Und wofür sich der Einsatz lohnt, nicht nur in ihrem,
sondern in jedem Leben. Ruth Pfaus Themen sind die
Zukunftsthemen unserer Welt. Unsere Welt kann besser
werden, und unser Leben reicher, wenn wir auf diese
außergewöhnliche Frau hören.